武蔵野美術大学出版局

新しい教育相談論

高橋陽一＋伊東　毅／編

まえがき

学校教育は学習指導と生徒指導（生活指導）に分けることができる。学習指導をめぐる問題としては、二〇〇六（平成一八）年に実施された国際学力調査ＰＩＳＡ（Programme for International Student Assessment）で日本の順位が下がったことなどが取り上げられ、学力低下問題がメディアをにぎわせた。主要教科の時間を増やすなどゆとり教育の見直しを行い、結果としてＰＩＳＡの成績も回復し、学習指導上の問題はだいぶ落ち着いてきたように思われる。一方、生徒指導をめぐる問題としては、いじめや不登校問題が一九八〇年代に社会問題化したが、こちらはなかなか解決に向かいそうにない。不登校は微減傾向にあるが、いじめに関しては社会問題化を繰り返しており、むしろその間隔が短くなっている。生徒指導上重要な位置を占める教育相談への期待が一層高まることになる。しかし、これは同時にそうした期待に教育相談が応えることができてこなかったことをも意味している。壁にぶつかり、教育相談はもがいているようにも見える。教育相談が本当に力をつけ児童生徒を援助していくためには、何を付け足せばよいのか、どこを修正すればよいのか、本書を読み進めながら考えてほしい。

本書は、武蔵野美術大学の教職課程用テキストとして前著の小久保明浩・高橋陽一編『教育相談論』を引き継ぐものであるが、五章立てであったものを一五章立てに大きく変更した。前著はカウンセリングの解説から始めたが、今回は、その基層にある教育心理学から説き起こし、教育相談をより包括的に学んでもらうことを目指した。執筆陣もわたくしを除き一新された。したがって、本書は改訂版ではなく、教育相談の近年の動向までをフォローする新たな著作と考えてもらった方がよい。

第1章「教育相談とは何か」では伊東毅が概念・歴史などを中心に教育相談の概要を論じた。第2章「教育相談をめぐる学校教育政策の動向」では高橋陽一が法令等の解説をしながら政策動向を整理した。第3章「教育心理学の基本」、第4章「発達理論の基本」、第5章「友人関係・社会性の発達」、第6章「発達障害の理解と支援」、第7章「カウンセリングの基本」、第8章「心理療法の理解」では桂瑠以が教育相談実践の基礎となる各理論を概説した。第9章「いじめの実態と対策の動向」、第10章「不登校の実態と対策の動向」、第11章「非行少年の実態とその処遇」では伊東毅が教育相談が扱う諸問題の実態等を論じた。第12章「問題行動とカウンセリング」では桂瑠以が各問題に即した対応の仕方をまとめた。道徳と生徒指導の関係について語られることはしばしばあるが、第13章「道徳教育と教育相談」では大間敏行がさらに具体的な教育相談に踏み込んでその関係を論じた。第14章「多文化教育をめぐる教育相談」、第15章「宗教をめぐる教育相談」では高橋陽一が複雑で繊細な問題の解説を試みた。

人間を相手にする教育は難しい。悩みや問題を抱えた人間を相手にする教育相談はもっと難しい。上手くいかないことがあっても諦めず、本書に立ち返り、有効な試行錯誤を続けてほしい。

二〇一六年一月三一日

伊東　毅

目次

まえがき　伊東　毅　3

第1章　教育相談とは何か　伊東　毅　11
第一節　教育相談の定義と主体
第二節　教育相談の歴史
第三節　教育相談の種類
第四節　連携の重要性
第五節　教師の行う教育相談の基本

第2章　教育相談をめぐる学校教育政策の動向　高橋陽一　25
第一節　学校制度のなかの教育相談
第二節　教育相談をめぐる教育政策

第3章　教育心理学の基本　桂　瑠以　39
第一節　教育心理学とは

第二節　教育と発達
第三節　教育と学習
第四節　教育と指導法

第4章　発達理論の基本　桂　瑠以　53
第一節　発達とはなにか
第二節　ピアジェの思考の発達段階
第三節　ことばの発達
第四節　認知・知能の発達
第五節　エリクソンの発達理論（発達段階説）

第5章　友人関係・社会性の発達　桂　瑠以　69
第一節　遊びの発達
第二節　友人関係の発達
第三節　社会性の発達

第6章　発達障害の理解と支援　桂　瑠以　81
第一節　特別支援教育の概要

第二節　発達障害の種類・特性
第三節　発達障害への支援・指導
第7章　カウンセリングの基本　桂　瑠以　95
第一節　カウンセリングとは
第二節　ロジャーズの来談者中心療法
第8章　心理療法の理解　桂　瑠以　109
第一節　代表的な心理療法
第二節　教育相談に有効なその他の心理療法
第9章　いじめの実態と対策の動向　伊東　毅　121
第一節　イメージと実態
第二節　いじめについての政府関連各種提言と教育相談
第三節　いじめ防止対策推進法と教育相談
第10章　不登校の実態と対策の動向　伊東　毅　133
第一節　不登校の実態

第二節　文部科学省の不登校対策
第三節　学校の対応
第11章　非行少年の実態とその処遇　伊東　毅　145
第一節　非行少年の実態
第二節　少年法と非行少年の処遇
第12章　問題行動とカウンセリング　桂　瑠以　157
第一節　問題行動の理解と対応
第二節　問題行動への支援・指導
第13章　道徳教育と教育相談　大間敏行　177
第一節　道徳教育と教育相談の位相
第二節　道徳教育の転換――「考え、議論する」道徳へ
第三節　これからの道徳教育実践と教育相談
第14章　多文化教育をめぐる教育相談　高橋陽一　191
第一節　多文化教育の原則

第二節　多文化教育をめぐる相談例
第15章　宗教をめぐる教育相談　高橋陽一　203
第一節　学校における宗教と教育の原則
第二節　宗教をめぐる相談例
あとがき　高橋陽一　214
重要語句索引
執筆者紹介

表紙デザイン　白尾デザイン事務所

第1章　教育相談とは何か

伊東　毅

はじめに

教育相談は複雑な概念であり、捉えにくいところがある。相談者は児童生徒だけに限るわけではなく、相談を受ける側も様々である。相談内容も多岐にわたるし、相談場所もいろいろである。相談の形式も一般のカウンセリングのように週一回五〇分と決まっているわけではない。「いつでも、どこでも、だれでも」というスローガンが普及したことなどもあるが、こうしたことが教育相談の輪郭を結果としてより曖昧なものにした。(1) この捉えにくい教育相談を学習指導要領などを確認したり、歴史を振り返ったりしながら整理してみたいと思う。

第一節　教育相談の定義と主体

教科のように時間割の中に分かりやすく組み込まれているわけではないが、教育相談も教育課程の基準である**学習指導要領**の中できちんと言及されている。たとえば、中学校学習指導要領の「特別活動」の章の「第3　指導計画の作成と内容の取扱い」の中で「生徒指導の機能を十分に生かすとともに、教育相談（進路相談を含む。）についても、生徒の家庭との連絡を密にし、適切に実施できるようにすること。」とある。

そして『中学校学習指導要領解説（特別活動編）』の中で「**教育相談**は、一人一人の生徒の教育上の問題について、本人又はその親などに、その望ましい在り方を助言することである。」と定義されている。これに続けてその方法について触れ「1対1の相談活動に限定することなく、すべての教師が生徒に接するあらゆる機会をとらえ、あらゆる教育活動の実践の中に生かし、教育相談的な配慮をすることが大切である。また、生徒との相談だけでは不十分な場合が多いので「生徒の家庭との連絡を密に」することも必要である。」ともいっている。

昨今、**スクールカウンセラー**の存在が認知されるようになってから、教育相談とは心理専門職の仕事であるように想像する人が増えてきた。もちろん、心理専門職カウンセラーが重要な相談活動の一端を担っていることは疑いのないところである。しかし、前述の学習指導要領及び同解説の記述から明らかなように、教育相談を担う主体はなんといっても教師である。教師そして養護教諭による相談活動が中心にあり、これをフォローするような形で臨床心理士や精神科医などの心理専門職による相談活動、さらには心理専門職以外の人たち（埼玉県の「さわやか相談員」など）による相談活動が展開されている。

第二節　教育相談の歴史

教育相談には、学校に限定されない広い意味での教育相談と学校に限定した狭い意味での教育相談と二種類ある。後者は「**学校教育相談**」といわれる。まずは、広い意味での教育相談の登場と発展の様子を振り返ってみよう。

（1）教育相談の歴史

教育相談の歴史は、世界史的には一八世紀後半、ヨーロッパの産業革命と関連して登場してくる。産業革命により、それまでの職人による製品生産に代わり、都市部の大工場にて機械による製品大量生産が主流となる。労働者が都市に流入するとともに、単純作業が中心となるため、子どもも安価な労働力として参入する。こうした中、貧困や劣悪な環境の中で苦しむ家庭や子どもたちに救いの手を差し伸べようと、慈善活動として教育相談が始まった。日本においても教育相談登場の経緯は似ており、明治期、キリスト教信者による慈善活動として始まる。孤児・貧児の救済に尽力した医師石井《いしい》十次《じゅうじ》が一八八七（明治二〇）年岡山にて「孤児教育会」を立ち上げた。これが後に発展して「岡山孤児院」となる。教育相談の看板を掲げた施設ではないが、当然そこでは様々な相談が展開された。[2]

教育相談を全面に押し出した機関としては、一九一五（大正四）年に日本児童学会の事務局に設置された「児童教養相談所」が始まりとなる。翌々年の一九一七（大正六）年には本格的な相談所が目黒の「児童教養研究所」に付設される。一四歳未満の子どものことについて保護者の相談に応じるという形でスタートした。[3]

このように、民間の活動が先行するが、一九一九（大正八）年に初めて公立の機関である「大阪市立児童相談所」が設置される。「東京府児童研究所」「広島県社会事業協会児童相談所」（ともに一九二一〈大正一〇〉年）、「東京市麹町区児童教育相談所」（一九二五〈大正一四〉年）など、大正期には各地に類似の機関がつくられた。[4]

昭和になると大学が児童についての相談に応ずるようになる。一九二八（昭和三）年「日本女子大学児童研究所」[5]、一九二九（昭和四）年「法政大学児童研究所」[6]、一九三六（昭和一一）年「東京文理科大学教育相談部」[7]などにおいて教育学や心理学に基づく相談活動が試みられた。

戦後になると、法整備とともに教育相談が制度として確立してくる。一九四七（昭和二二）年に制定された児童福祉法の第十二条に基づき、各地に児童相談所が設置されていった。はじめは戦災孤児救済が主な目的であったが、時代のニーズに合わせ子どもについての様々な相談を受けるようになった。

（２）学校教育相談の歴史

次に学校で展開される教育相談の歴史、すなわち「学校教育相談」の歴史について簡単にみていこう。

「**生徒指導**」という言葉が学校教育に定着した経緯として、アメリカの**ガイダンス**が戦後日本に紹介・導入される際に、それが生徒指導と翻訳されて普及したことがしばしば指摘される。しかし、この時のアメリカのガイダンスとは、二〇世紀初頭以降展開されたパーソンズ（Frank Parsons, 一八五四～一九〇八）をルーツとする**職業指導**（vocational guidance）がその中心であった。もちろん、単純な職業指導のみではなく倫理観などの社会的資質を高めることも期待された。いずれにしても、その方法は指示的カウンセリングが中心である。ところが、そのガイダンスの方法として日本に紹介・普及していったのが、同時期に紹介されたロジャーズ（Carl Ransom Rogers, 一九〇二〜八七）派の相談室における一対一の受容・傾聴を方法とする来談者中心療法であり、非指示的カウンセリングであった。両者の若干の混同が「ガイダンスは甘やかし」「生活の無視」「心理学主義」などの批判を生んだ。[8] また、文部省と日本教職員組合との対立が、文部省の主導する「生徒指導」と日本教職員組合などを中心に教育現場で育まれてきた生活綴方《つづりかた》や学級集団づくりなどの「生活指導」との早期の建設的な結合を妨げた。こうしたこともあり、必ずしも当初から教育相談がスムーズに学校で展開されたわけではなかった。

しかしながら、進路や学校生活に関する個別の対応も当然必要となるわけで、校務分掌といった形で学校の中に教育相談が位置づけられるようになる。また、一九七五（昭和五〇）年以降、**不登校**が著しい増加傾向を示すようになるとともに**校内暴力**や**いじめ**が社会問題化するようになると、教育相談がその対策の一環として注目されるようになる。そして、「**カウンセリングマインド**」という言葉を至るところで聞くようになった。[9] 実は、この頃、教育相談の担い手に関する議論は二分していた。教師の行う教育機能から治療機能を分化させ、教育相談を心理専門職に担当させた方がよいという分化論と教師がカウンセリング手法をしっかりと学ぶことにより、教育機能から治療機能を分化させるのではなく、それらを統合した形で教育相談を行う方がよいという統合論とが対立していた。しかし、当時の文部省は統合論を支持していたので、もっぱら教育相談といえば、それを行うのは教師であった。[10] いずれにしても、こうして、教師による教育相談が徐々に定着してくる。

その後、学校教育相談が大きな転機を迎えることになる。文部省による一九九五（平成七）年からの「スクールカウンセラー活用調査研究委託事業」によって臨床心理士などが学校に配置されるようになると、スクールカウンセラーによる教育相談が不登校やいじめ問題克服に繋《つな》がるのではないかと期待を大きく集めることになる。すなわち、文部省が、教育機能から治療機能を分化させ、これを心理専門職に担わせるという分化論へのシフトチェンジを行ったのである。ところが、こうした世間の期待とは異なり、簡単には不登校の減少やいじめ問題の克服に結びつかなかった。小学校・中学校・高等学校の年間授業週は三五週（小一のみ三四週）であるが、この三五週に週二日、一日四時間というのがその事業の条件であった。教育委員会から派遣された非常勤のスクールカウンセラーが教師集団から孤立しがちであったり、無理解な校長のもとでは授業時間中に相談室の鍵をかけられ、密《ひそ》かに訪れたい児童生徒の心理を無視するようなところもあったという。

最近になり、ようやくスクールカウンセラーの存在が認められるようになってきた。文部科学省が毎年行う「児童生徒の問題行動等生徒指導上の諸問題に関する調査」でも、たとえば不登校に関して特に効果があった校内の措置として、二〇〇七（平成一九）年度以降、「スクールカウンセラー等の心理専門職の指導」を挙げる学校がもっとも多くなっている。(11)

第三節　教育相談の種類

教育相談の歴史を簡単に振り返ってきたが、教育相談とはいってもその中にはどのようなものが含まれ、そして、それがだれによって主に担われているのか、整理・確認してみよう。

（1）進路相談

まずはじめに、アメリカでガイダンスが注目されたのは職業指導に関連してであった。すなわち、職業相談、後に進学指導を含む**進路相談**としての教育相談をまずは指摘することができる。これを担うのは一方では担任教師である。これに加え、進路指導部や進路指導室が置かれているところでは、校務分掌上の進路指導担当教員が具体的な情報を収集し、対応している。

（2）学業相談

また、学校における教育課程の中心はなんといっても教科であることから、勉学についての相談活動が必然的に生じてくる。すなわち、**学業相談**としての教育相談がある。小学校・中学校・高等学校、ともに担任教師が学業相談の一番の担い手であるが、教科担任制をとる中学校・高等学校では各教科の担当教師がその教科の相談役となることも多い。

（3）健康相談

思春期に入った児童生徒は急激な身体の成長を経験する。身体の急激な変化は精神状態にも影響する。こうした心身の問題に保健室において養護教諭が対応している。すなわち、身体そしてこれに連動するところの精神の問題についての**健康相談**としての教育相談がある。保健室登校の場合など、養護教諭による相談活動の持つ意味は大きい。

（4）適応相談

そして、いじめや不登校など、友人や学校とのかかわりについての相談が以前と比べてはるかにその重要性を増してきている。すなわち**適応相談**としての教育相談が適切に機能することが強く求められている。この適応相談こそがしっかりした連携が求められるところでもある。担任教師・教育相談担当教師・養護教諭、そして心理専門職であるスクールカウンセラーがそれぞれの長所を生かし、児童生徒が悩みや問題を克服していく援助をしていくことが重要となる。

第四節　連携の重要性

紙面で連携の重要性を説くことは簡単だが、実は、スクールカウンセラー登場以来、良好で有効な連携はなかなか達成されない現実がある。もちろん、当初の教師によるある種の拒絶反応にも似たスクールカウンセラーへの複雑な感情はなくなってきたように思われる。しかし、克服しなければならない問題がいくつもある。スクールカウンセラーの勤務時間が限られているために必要な時にいないという思いを教師側に抱かせることがある。また、**守秘義務**の関係上スクールカウンセラーの知り得た情報を簡単に教師に伝えるわけにはいかない。こうしたカウンセリングの原則は教師も知識としては知っているが、それでも問題解決のためには情報共有をというメンタリティを持つ教師たちにはしっくりこない場合がある。関係は対等といいつつもカウンセラーの行うコンサルテーションに上下関係を感じ抵抗を感じる教師も存在する。カウンセラー、教師、双方のいっそうの相互理解が求められる。

スクールカウンセラーが導入されてからもいじめ自殺は繰り返される。スクールカウンセラーが有効に機能しているのか、勤務形態・教師との連携・学校カウンセリングの特殊性など、問い直していかなければならない。二〇一三（平成二五）年二月、安倍晋三総理大臣からの諮問への答申として教育再生実行会議が「いじめ問題等への対応について（第一次提言）」を提出した。そこには、**スクールソーシャルワーカー**の積極的導入が提言されていた。[12] これを受けて、近年、まだ数は少ないがスクールソーシャルワーカーが学校に配置されつつある。ソーシャルワーカーとは、困難を抱えた人に寄り添い、必要な窓口ないしはサービス（警察・役所の関係窓口・病院・裁判所・弁護士など）に繋いでいくことなどを任務とする。スクールソーシャルワーカーはこの学校版である。特に深刻ないじめなどの場合に被害者を救うことに繋がるのではと期待されている。しかし、新しい職種を次々と学校に導入したとしても、これまたスクールカウンセラーと同様、言うは易く行うはこの上なく難しい連携の問題を克服しなくては、決して期待される結果を残すことはできないだろう。

わたくしたちが教育相談の必要性を切実に感じるのは、なんといっても危機的な場面にある児童生徒に対応するときである。ここでは連携の在り方を考える一例として危機的な場面にある児童生徒への対応を考えてみよう。実は、こうしたときの基本についてはすでに一九九〇（平成二）年の文部省『学校における教育相談の考え方・進め方　中学校・高等学校編』で強調されている。

同書では、特別の状況下にある生徒に対しては教育相談として別途の対応が求められるとして、まずは「校内の体制づくり」、すなわち連携が何より重要であるという。学級担任・学年主任・養護教諭・保健主事・生徒指導主事などがチームをつくることが説かれているのであるが（この時はまだスクールカウンセラーは導入されていない）、注目すべきは「そのなかに必らず校長または教頭を含める必要がある」(13)という指摘である。この原稿を執筆時、岩手県矢巾《やはば》町《ちょう》で生じた村松亮さんの自殺事件が連日メディアで報じられている。いじめが原因ではないかといわれているが、記者会見で校長が村松さんの置かれている深刻な状況を知らなかったと発言している。すでに二五年前から強調されている基本的な体制がとられていなかったか機能していなかったということになる。次に「保護者や専門機関との連携」として、危機的な場面にある生徒に対応する時は保護者と「速やかに連携を図ること」(14)がとにかく重要であるとされている。今触れた村松さんの事件でも家庭には一切何が起こっているのか知らされることはなかったという。

こうした基本のいくつかが欠けてしまった時、事態が一気に深刻化してしまうのではなかろうか。問題がなかなか改善しない時、わたくしたちは新しいことを試みようとする。これはこれで欠かすことのできない努力である。しかし、わたくしたちは、同時に基本がしっかりと押さえられているか、再確認することを忘れてはならない。

第五節　教師の行う教育相談の基本

心理専門職であるスクールカウンセラーの行う教育相談については第7章に譲るとして、ここでは教師による教育相談の要点について触れておきたい。

教育相談にはその機会の持ち方から「随時相談」と「定期相談」に分けることができる。随時相談とは、児童生徒からの自発的な申し込みがあり行われる相談であったり、また、教師から特別な機会を捉えての働きかけから行われる相談である。定期相談とは、担任する学級の児童生徒全員に対して、定期的・計画的に行う相談である。家庭訪問週間などを設けて行われる児童生徒・教師・保護者による三者面談なども定期相談に含まれる。ここでは定期相談のポイントを若干紹介しておこう。

まずは普段の語りかけにより言葉を交わしやすい関係をつくっておくことが大切である。これがある程度できていないと、相談に入っても児童生徒から建前的な発言しか引き出せず、意味のある相談活動に至らない。

次に大切なことは児童生徒の行動や人間関係を観察し、普段の様子を把握しておくことである。気になるところがあれば記録に残しておくなどして、情報を蓄積しておく。本書で学んでいる多くの人は美術の授業を担当することになるのであろう。美術の授業では、国語や数学の授業のようにはじめから最後まで自分の机にじっと座っているわけではない。水場との行き来を含め、必然的に生徒の移動や生徒同士の様々な接触が伴う。すなわち、美術では生徒たちの関係性がみえやすい。したがって美術教師は重要な役割を担っているといえる。また、学業成績も児童生徒に大きな影響を与えることから、成績が上がってきたか下がってきたかという変化を含め、把握しておく。同じく変化を捉えるということでいえば、たとえば、その子どもが中学生であれば、小学校からの引き継ぎ資料に目を通しておく。こうして児童生徒を立体的に捉えておくことが要点となる。

これらは心理専門職のスクールカウンセラーが持たない教師の持つ長所である。定期相談では、児童生徒の方から積極的に話をしてくるとは限らないので、蓄積した情報をもとに、教師が気になるところを上手に話題にしていくことが大切である。もちろん、児童生徒の方から積極的に話をしてくるようであれば、それを中心に相談は展開されることになる。カウンセラーと違って教師の相談活動には指導的な側面が少なからず存在する。しかし、基本的な相談時の姿勢として、傾聴・共感的理解・受容・自己の可能性発揮への援助、の四点を押さえて臨む必要がある(15)。

こうして行われた教師による教育相談の最大の特徴であり最大の長所は、随時・定期にかかわらず、その相談を踏まえて、当該児童生徒の抱える問題を解決するために、児童生徒同士の関係に部分的にではあれ、介入したり、影響を与えたりすることができることにある。たとえば、同じ班の友人とうまくいかないといった相談がある場合がある(やわらかい言い方であっても教師にこうしたことを言ってくる場合には深刻ないじめが潜んでいる場合がある)。実際に本人の努力だけでは状況が改善されないような場合、担任教師は何らかの理由をつけ、悩む児童生徒とその原因となっている友人とを分離するために班がえをすることができる。力量があり教師の思いを理解してくれるような児童生徒がいたならば、新たな班をつくるとき、その児童生徒と悩む児童生徒とを同一班とし、悩みの原因となっている友人からそれとなく守ってくれるように教師がその児童生徒にあらかじめ依頼しておくこともできる。

学業相談や進路相談を行うのは、もっぱら教師である。担任教師がやはりその中心になるであろうが、校務分掌上の進路指導部に属する教師たちが相談を受ける場合もある。担任であろうと進路指導部の教師であろうと、児童生徒の意向を最大限尊重しなければならない。そのためには、こうする方がいいんじゃないのといったアドバイスを先行させるのではなく、その児童生徒が必要としているであろう資料・情報を速やかに提供することが求められる。したがって、就職情報・進学情報が整っている進路指導室での面接がふさわしい。進路相談についてはここではこれ以上触れないが、武蔵野美術大学教職テキストシリーズの『新しい生活指導と進路指導』（高橋陽一・伊東毅編、武蔵野美術大学出版局、二〇一三年）をもご一読いただき、学習を進めてほしい。

おわりに

教育相談のシステムはそれなりに整ったように思われる。問題は、その相談システムに日本の児童生徒が乗ってこないことにある。筆者が以前加わったカナダとの共同研究で分かったことであるが、日本の児童生徒の教師や親への相談率はカナダのおよそ半分でしかない[16]。その理由を国民性で片付けてしまっては悩みを抱えた児童生徒を援助することなどできはしない。四〇人近い学級にいれば、自分は教師にとって大勢の中の一人にすぎないと思い、教師を遠い存在に感じているのだろうか。メディアで報じられる教師の不祥事やいじめなどへの不適切な対応を見聞きするたびに、教師は頼りにならないと考えるようになるのであろうか。道徳やホームルームの時間などでみられるあまりにも現実離れした道徳的な教師の発言に、とてもこんな人に本音などいえないと思い、相談を敬遠してしまうのだろうか。少人数学級の実現、誇張の無い冷静な報道、現実的な喜怒哀楽の共有など、新しいシステムや方法に飛びつく前に、教育相談を機能させるためにできることはいくつかありそうである。

（1）佐藤修策監修『学校カウンセリングの理論と実践』ナカニシヤ出版、二〇〇七年、三頁。
（2）稲井智義「子ども救済事業から子ども保護事業への展開　石井十次の家族と学校に関する思想と実践を通じて」『研究室紀要』第三九号、東京大学大学院教育学研究科基礎教育学研究室、二〇一三年九月、七三〜八四頁。
（3）吉田幸恵「大正期の児童相談事業に関する研究」『人間文化研究』七号、名古屋市立大学大学院人間文化研究科、二〇〇七年六月、七九〜九二頁。
(4) 仙崎武・野々村新・渡辺三枝子・菊池武剋編著『改訂生徒指導・教育相談・進路指導』田研出版、二〇一二年、一〇七頁。
(5) 日本女子大学総合研究所「設立の目的と沿革」http://mcm-www.jwu.ac.jp/~sogoken/seturitu.html（二〇一五年八月二四日閲覧）。
(6) 吉村浩一「歴史なき心理学科で歴史を想う　城戸幡太郎と矢田部達郎」法政大学文学部編『法政大学文学部紀要』四九、法政大学文学部、二〇〇四年、七八頁。
(7) 江口潔「1930年代後半から1940年代前半における教育相談活動の課題と方法　東京文理科大学教育相談部を中心に」『教育学研究』第七六巻第一号、二〇〇九年三月、二二三〜二三二頁。
(8) 広木克行編『教育相談』学文社、二〇〇八年、一八〜一九頁。
(9) 文部省『学校における教育相談の考え方・進め方　中学校・高等学校編』大蔵省印刷局、一九九〇年、四頁。
(10) 佐藤修策監修、前掲書、四頁。
(11) たとえば、二〇一三（平成二五）年のデータに関しては「e-Stat　政府統計の総合窓口」http://www.e-stat.go.jp/SG1/estat/List.do?bid=000001055975&cycode=0（二〇一五年八月二四日閲覧）。
(12) 首相官邸「いじめ問題等への対応について（第一次提言）」http://www.kantei.go.jp/jp/singi/kyouikusaisei/pdf/dai1_1.pdf、四頁（二〇一五年八月二四日閲覧）。
(13) 文部省、前掲書、四九頁。
(14) 同、五〇頁。
(15) 同、三三〜三四頁。
(16) 小久保明浩・高橋陽一編『教育相談論』武蔵野美術大学出版局、二〇〇二年、九八〜一〇二頁。

第2章　教育相談をめぐる学校教育政策の動向

高橋陽一

はじめに

教育相談は、「先生、お話を聞いてくれる」と極めて個人的な行為としてスタートすることが多いし、歴史的にも教育学や心理学や社会福祉の専門家が小規模からスタートした。しかし、誰にもアクセス可能な教育相談として全国的な広がりをもつためには、予算の裏付けをもって施設や人材を配置するための**教育政策**が不可欠となる。現在はチーム学校をキーワードにした教育政策のなか、教育相談のさらなる充実が求められている。この章では、第1章で概観した教育相談をふまえて、まず第一節で現在の学校制度のなかの教育相談の位置づけを確認して、その上で第二節で明治期から現在にいたる教育相談をめぐる教育政策を概観することで、教育相談が日本の学校制度にどう位置づけられるかを確認したい。

第一節　学校制度のなかの教育相談

現在の学校教育に教育相談が位置づけられる根拠は、教育が個人を尊重して進められるという大前提があり、その教育には知識や技能だけではなく、心の課題も含まれているからである。教育の原則を定めた**教育基本法**を見てみよう。[1]

教育基本法（平成十八年十二月二十二日法律第百二十号）

（教育の目的）

第一条　教育は、人格の完成を目指し、平和で民主的な国家及び社会の形成者として必要な資質を備えた心身ともに健康な国民の育成を期して行われなければならない。

（教育の目標）

第二条　教育は、その目的を実現するため、学問の自由を尊重しつつ、次に掲げる目標を達成するよう行われるものとする。

一　幅広い知識と教養を身に付け、真理を求める態度を養い、豊かな情操と道徳心を培うとともに、健やかな身体を養うこと。

二　個人の価値を尊重して、その能力を伸ばし、創造性を培い、自主及び自律の精神を養うとともに、職業及び生活との関連を重視し、勤労を重んずる態度を養うこと。

三　正義と責任、男女の平等、自他の敬愛と協力を重んずるとともに、公共の精神に基づき、主体的に社会の形成に参画し、その発展に寄与する態度を養うこと。

四　生命を尊び、自然を大切にし、環境の保全に寄与する態度を養うこと。

五　伝統と文化を尊重し、それらをはぐくんできた我が国と郷土を愛するとともに、他国を尊重し、国際社会の平和と発展に寄与する態度を養うこと。

教育基本法は第一条で「教育の目的」を規定して、目指すべきものとして「人格の完成」や心身の健康を掲げている。この教育の目的は、教育基本法前文で述べられた「個人の尊厳」に基づくものであり、学習者一人ひとりの心や体の大切さを前提にしたものであるから、そこに教育相談の必要性が位置づけられることになる。さらに第二条は「教育の目標」として、「豊かな情操」をはじめとした心の課題を掲げている。この第一条や第二条は、社会教育や家庭教育も含めた教育全体の目的や目標であるが、さらに学校教育に関して第六条で、次のように定められる。

（学校教育）

第六条　法律に定める学校は、公の性質を有するものであって、国、地方公共団体及び法律に定める法人のみが、これを設置することができる。

2　前項の学校においては、教育の目標が達成されるよう、教育を受ける者の心身の発達に応じて、体系的な教育が組織的に行われなければならない。この場合において、教育を受ける者が、学校生活を営む上で必要な規律を重んずるとともに、自ら進んで学習に取り組む意欲を高めることを重視して行われなければならない。

第六条第二項は、第二条でみた「教育の目標」が達成されるためには、学校教育を受ける幼児・児童・生徒・学生の「心身の発達」に対応したものである必要を述べ、さらに学校生活での「規律」や「自ら進んで学習に取り組む意欲」を重視する。

こうした学校教育は、学校全体や学年・クラス単位の**集団指導**によっても培われるが、同時に子ども一人ひとりの心身の発達の違いにも即応した**個別指導**をも必要としている。学校種別（校種）ごとの目的や目標が**学校教育法**（昭和二十二年三月三十一日法律第二十六号）によって規定される。さらに学校教育法施行規則（昭和二十二年五月二十三日文部省令第十一号）で、中学校に関しては第七十二条で国語、社会、数学、理科、音楽、美術、保健体育、技術・家庭及び外国語の各教科、特別の教科である道徳、総合的な学習の時間並びに特別活動によって教育課程を編成することが定められる。文部科学大臣が学校教育法や同施行規則に基づいて告示する**学習指導要領**においては、**特別活動**との関係で**生徒指導**と連動して規定されている。なお生徒指導は中学校教育全体にかかわる学習指導要領の総則にも明記されるが、教育相談についての言及があるのは、この特別活動に関する箇所である。またここでは記述の明確な中学

校を例に挙げるが、小学校や高等学校でも同様に教育相談の取り組みが求められることになる。(2)

中学校学習指導要領（平成二十二年三月二十八日文部科学省告示第百六十一号）

第五章　特別活動

第三　指導計画の作成と内容の取扱い

(2)生徒指導の機能を十分に生かすとともに、教育相談（進路相談を含む。）についても、生徒の家庭との連絡を密にし、適切に実施できるようにすること。

(3)学校生活への適応や人間関係の形成、進路の選択などの指導に当たっては、ガイダンスの機能を充実するよう〔学級活動〕等の指導を工夫すること。特に、中学校入学当初においては、個々の生徒が学校生活に適応するとともに、希望と目標をもって生活をできるよう工夫すること。

ここでみた中学校の学習指導要領で、**教育相談**の実施が規定されている。教育相談は「進路相談を含む。」と明記されるように、将来の就職や進学についての**進路相談**の分野を含んだものである。また、後述する戦後教育改革で定着した**ガイダンス**という概念も、重要な位置を占めている。子どもを学校生活に適応させるという課題が重視され、学校における学校生活を前提とした教育相談、すなわち、**学校教育相談**の部分に重きが置かれている。この法令としての中学校学習指導要領の特別活動の部分を、文部科学省が著作として解釈した『中学校学習指導要領　特別活動編』では、教育相談の意味が定義されている。すなわち、「教育相談は、一人一人の生徒の教育上の問題について、本人又はその親などに、その望ましい在り方を助言することである。その方法としては、1対1の相談活動に限定することなく、すべての教師が生徒に接するあらゆる機会をとらえ、あらゆる教育活動の実践の中に生かし、教育相談的な配慮をすることが大切である。(3)」と記されている。ここでも、個別指導と集団指導のバランスが意識されていることになる。

再び教育基本法に戻って、次の第十条にも注目しておきたい。

（家庭教育）

第十条　父母その他の保護者は、子の教育について第一義的責任を有するものであって、生活のために必要な習慣を身に付けさせるとともに、自立心を育成し、心身の調和のとれた発達を図るよう努めるものとする。

2　国及び地方公共団体は、家庭教育の自主性を尊重しつつ、保護者に対する学習の機会及び情報の提供その他の家庭教育を支援するために必要な施策を講ずるよう努めなければならない。

教育基本法第十条第一項は、子どもの教育について本来的な責任、つまり**第一義的責任**を有しているのは、民法の規定する親権者、つまり父母などの**保護者**であるという立場である。心の問題、とりわけ宗教や文化に関する多様な価値観が存在する分野についての問題や、就職や進学という家庭の経済的事情が左右する問題においては、学校の教師やカウンセラーが子どもと相談するだけでは済まない問題が多く存在する。さらに第十条第二項は保護者への支援を定めているが、ここに学校や各種機関による保護者のための教育相談が位置づけられる。さきに引用した学習指導要領でも「生徒の家庭との連絡を密にし」と、相談の当事者として保護者を想定して記している。読者も多くは中学校などで進路を中心として「保護者面談」や「三者面談」といった教師による保護者との教育相談の機会があったことを記憶しているだろう。心身の発達に応じた子ども自身の判断力、自己決定能力の伸長は学校教育の課題であるが、同時に親権者に保護された未成年者の法的地位についても留意しながら、学校教育相談を行う必要があることも確認しておきたい。

法令上の教育相談の原則についてまとめると、学校教育が学習者一人ひとりの個人の尊厳にもとづく人格の完成を目指すものであるため、その学習者本人とその保護者に対しての個別の対応が必要となり、そこに教育相談が不可欠のものになると言える。

加えて、学校の教員に求められる資質という観点からも、教育相談をみておこう。明治以来の教員養成では心理学に関する知識は重視され、戦後も教育心理学などが教員になるための必須の科目として位置づけられた。戦後の教員養成の基本となる法律である**教育職員免許法**（昭和二十四年五月三十一日法律第百四十七号）では、一九八七（昭和六二）年の改正で教育職員免許法施行規則（昭和二十九年十月二十七日文部省令第二十六号）に教育相談が必須のものとして登場した。すなわち小学校教諭では「生徒指導及び教育相談に関する科目」、中学校教諭と高等学校教諭では「生徒指導、教育相談及び進路指導に関する科目」がそれぞれ二単位の科目として必須とされた。つまり小中高等学校の教員は、必ず生徒指導などとあわせて教育相談を大学で学んだうえで教員免許状が与えられることになったのである。さらに一九九八（平成一〇）年の改正では、必要な事項として「教育相談（カウンセリングに関する基礎的な知識を含む。）の理論及び方法」が明記され、多くの大学では二単位の独自の授業として教育相談論を必須とすることになった。いうまでもなく本書は、このカウンセリングの基礎を含む教育相談の理論と方法を学ぶためのテキストとして作成されているのである。

第二節　教育相談をめぐる教育政策

明治維新以後に日本に導入された近代学校は、一人の教師が数十人の児童生徒に黒板や教科書などの教材を用いて計画的に教授する一斉教授法を基本としている。[4] もちろん、一斉教授という**集団指導**に対して、子ども一人ひとりを対象としての**個別指導**も同時に必要となる。個別指導という言葉は、教育相談に近い。それは個別指導が子どもの状況を理解することを前提としているためである。しかし、教師の側から子どもに指導するという方向性は、子どもの側が悩みを持って教師に打ち明けるという方向性とは区別される。つまり、教育相談という行為が教育政策に位置づけられるためには、子どもや保護者が自発的に教育をめぐる問題を教師や専門家に相談するという行為が、政策的に認識されることが必要となるのである。

一八七二（明治五）年の学制は、日本に近代学校を導入した画期である。行政が父母などの保護者に対して子どもが小学校に通えるように働きかけた就学督促や、子どもたちの成績評価を厳密に行った試験の実施をみると、個別指導の側面があった。教師に必須な教育学においても、明治中期からは心理学を理論的基礎としたヘルバルト主義教育学がドイツから移入され、発達や学習などを対象とした**教育心理学**が教師にとって必要な学問として定着していった。

二〇世紀における世界的な新教育の流れ、日本における大正自由教育の流れのなかでは、今日の学校における生活指導の源泉となる生活綴方《つづりかた》教育が展開され、また子どもの個性や能力に応じた教育として、職業指導、就職指導の流れが進められていく。[5] また、教育相談を始める機関や団体も登場する。心理学者の久保良英《くぼよしひで》（一八八三〜一九四二）が一九一七（大正六）年に開いた児童教養相談所、大阪市が三田谷啓《さんだやひらく》（一八八一〜一九六二）の指導下で一九一九年に開いた大阪市立児童相談所など、心理学や児童保護の分野で「相談」という概念を掲げた活動が進んでいった。

第二次世界大戦後の教育改革では、職業指導を中心に、学習指導など様々な場面で子どもの自己実現のための能力の成長を促進する**ガイダンス**という概念がひろがった。一九四七（昭和二二）年の『学習指導要領（試案）』では、中学校における職業指導として相談の概念を強調している。とりわけ、教諭や校長を相談員と位置づけて、「相談室は相談員と来談者とだけが秘密に相談できるようにされていることが望ましい。」として学校のなかに**相談室**の設置を求めたことは注目に値する。生活指導や進路指導のための空き教室を利用した相談室が学校にひろがるとともに、都道府県・市町村の教育委員会や教育研究所などにも教育相談室、教育相談所などの名称で、教育相談の窓口がひろがっていくことになる。

一方、社会福祉の分野では、一九四七（昭和二二）年には、児童福祉法（昭和二十二年十二月十二日法律第百六十四号）に**児童相談所**が位置づけられ、都道府県は児童相談所を設置して児童福祉全般にわたる相談業務を行うことになった。児童相談所は、十八歳未満の子どもについて、児童福祉司や児童心理司などの専門家が本人や保護者の相談に応じる機関で、非行や障害など子どもをめぐる広範な分野に対応する。児童福祉施設の入所や療育手帳の判定などを行う権限を持つとともに、二一世紀に児童虐待問題が浮上するなかで児童保護のための多くの権限を有することになった。

その後も生活指導や進路指導に、教育相談が位置づけられた。文部省が生活指導に代えて小学校の児童も含めて「生徒指導」と呼ぶことを公式用語にする画期となった一九六五（昭和四〇）年刊行の『生徒指導の手びき』では、相談員として相談教師や学校カウンセラーという表現が用いられている。

不登校をめぐる柔軟な対応を進めるためにも、教育委員会の設置する相談室等は、第10章で詳述する不登校に対応する相談窓口としての機能を増していく。一九九二（平成四）年に初等中等教育局長通知「登校拒否問題の対応について」を契機として、学校への登校以外の方途が模索されるなかで、指導員が不登校の児童生徒の相談にあたり教育を支援する場としての**適応指導教室**（実際には教育支援センターなどの名称が多い）が設置されている。

教育学や心理学でも関連する学問研究と実践知識が蓄積され、一九五二（昭和二七）年に日本教育心理学会、一九六七（昭和四二）年に日本カウンセリング学会、一九八二（昭和五七）年に日本臨床心理学会など、教育相談に関連する学会が形成されていく。この日本臨床心理学会が中心となって、一九八八（昭和六三）年に日本臨床心理士資格認定協会が結成され、同年から心理学の大学院修士課程修了者などを対象として**臨床心理士**の認定を行った。二〇一五（平成二七）年現在で二万九六九〇名の臨床心理士が認定されている(6)。このほか、一九九七（平成九）年度から日本教育心理学会が**学校心理士**の認定を開始し、二〇〇一（平成一三）年度からは日本特殊教育学会、日本発達障害学会、日本発達心理学会及び日本ＬＤ学会を加えた五学会による学校心理士認定運営機構を認定団体として拡充し、現在では約三八〇〇人が登録されている(7)。

このような専門家の養成と連動して、学校教員のみが行う教育相談から、心理学分野の専門家と連携して行う形態へと移行することが、教育政策として推進された。この発端は、文部省が一九九五（平成七）年より「スクールカウンセラー活用調査研究」事業として臨床心理士などの**スクールカウンセラー**を一五四校に配置したことである。これが推進される契機となったのは、一九九七年の神戸で起こった連続児童殺傷事件をうけて緊急に文部大臣から諮問されて、**中央教育審議会**が一九九八（平成一〇）年六月三〇日に出した答申「新しい時代を拓く心を育てるために　次世代を育てる心を失う危機」であった。答申は「カウンセリングを充実しよう」と呼びかけて、先行する「スクールカウンセラー活用調査研究」事業の成果を評価し、「スクールカウンセラーは、子どもたちや教員あるいは保護者に適切な助言を行ったり、保護者と教員との間の仲立ちを行うことなどを通じて、重要な役割を果たしてきている。」として、その推進を求めた。また教員にも「カウンセリングマインドの大切さ」を学ぶことをもとめた。

つづいて二〇一三年（平成二五）には、**いじめ防止対策推進法**（平成二十五年六月二十八日法律第七十一号）が公布されたことである。この動向は第9章に詳述されるが、いじめ対策が教育相談の教育政策を加速させる効果を持ったことに注目したい。

こうした政策のもとで、スクールカウンセラーの配置が全国規模で推進された。図1は、調査研究事業として開始された一九九五（平成七）年度から二〇一三年度までの配置校数である。文部科学省の「スクールカウンセラー等活

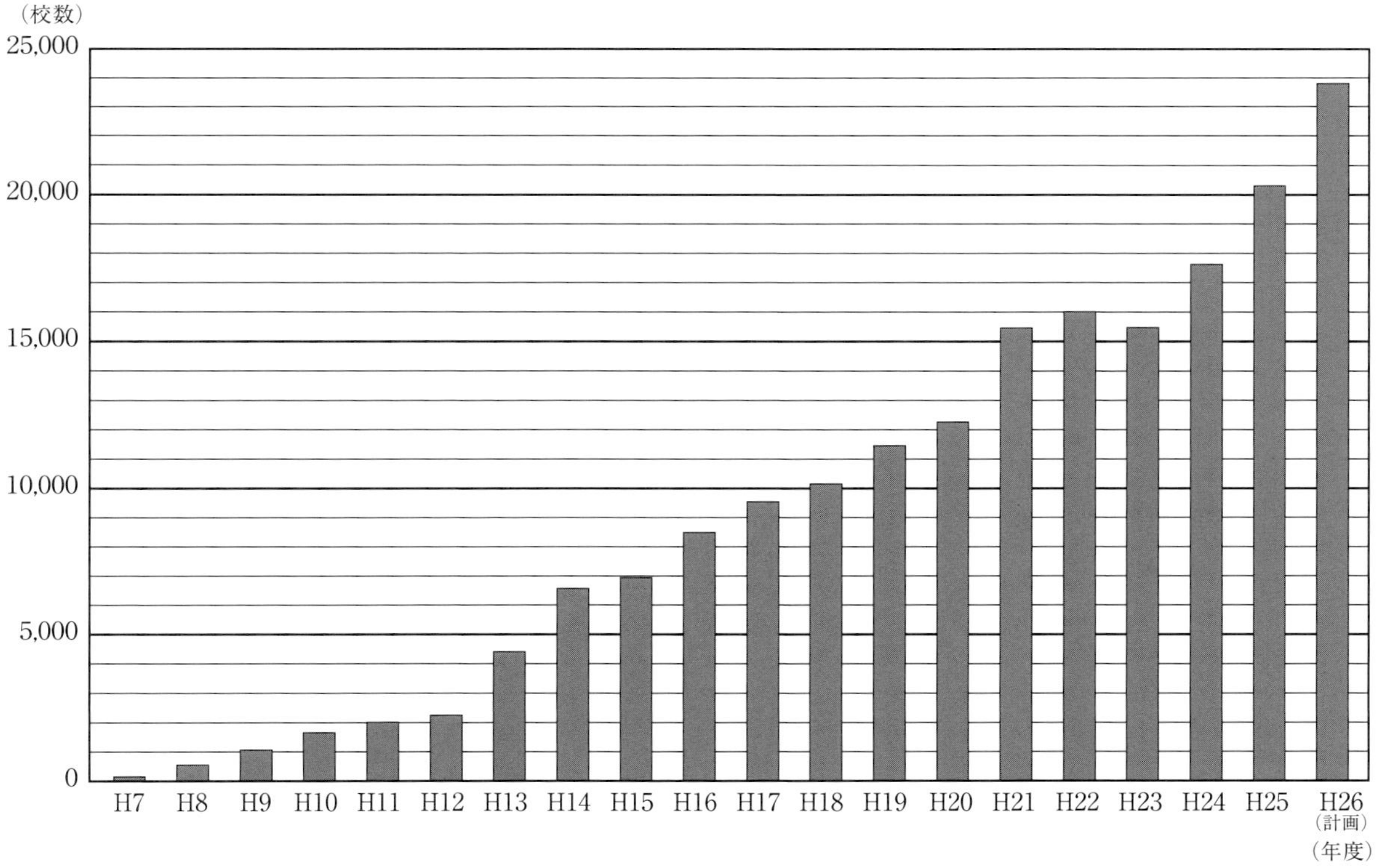

図1　スクールカウンセラーの配置数
文部科学省「スクールカウンセラー等配置箇所数、予算額の推移」（文部科学省ウェブページ「スクールカウンセラー等活用事業」）より作成

用事業実施要領」（平成二十五年四月一日初等中等教育局長決定、平成二十七年四月一日一部改正）によれば、教育支援体制整備事業費補助金（いじめ対策等総合推進事業）として実施し、都道府県や政令指定都市によるスクールカウンセラー配置や電話相談への支援として行われている。スクールカウンセラーは、臨床心理士や精神科医などが選ばれ、他にも実務経験のあるものがスクールカウンセラーに準じる者として従事する。二〇一三年度の段階で、中学校は全校配置が行われ、小学校も六五パーセントに配置され、東日本大震災への対応としての緊急支援派遣も実施されている。

二〇〇六（平成一八）年六月の学校教育法の一部改正により、障害の重複化や重度化など特別な教育のニーズに対応できるように、制度上は、従来の盲学校、聾《ろう》学校、養護学校を**特別支援学校**として一本化した。この特別支援学校は、小学校や中学校に在籍する学習障害などのある児童生徒の教育を支援するためのセンターとしての機能を併せ持ち、本人や保護者、さらに学校教員への相談の機能を持つことになった。

児童虐待やいじめ、不登校などの教育問題の背景には、学校にとどまらない家庭と社会にわたる対応が必要な事例が多く、学校教育と社会福祉の連携も課題となる。文部科学省は二〇〇八年度から「スクールソーシャルワーカー活用事業」を実施している。教育委員会が社会福祉等の専門的な知識や技術を有する社会福祉士などを登用する**スクールソーシャルワーカー**の配置が進められている。

文部科学省が二〇一〇（平成二二）年に刊行した『**生徒指導提要**』は、児童生徒の生活指導の実践的なマニュアルとして活用されている[8]。生徒指導の概念に教育相談が含まれるので、同書の第五章は教育相談に充てられている。

二〇一五年三月に学校教育法施行規則と小学校と中学校の学習指導要領が一部改正され、従来の道徳（道徳の時間）に代えて、**特別の教科である道徳**（「特別の教科　道徳」または**道徳科**）が置かれることとなり、小学校では二〇一八年度、中学校では二〇一九年度から実施されることとなった。このことは第13章で論じられるが、問題解決的な学習、体験的な学習を道徳科に採り入れて「考え、議論する」道徳科として進むならば、教育相談との関連は増していくであろう。

二〇一五年現在、チーム学校というキーワードで教育政策が進められている。二〇一四年七月二九日に文部科学大臣から中央教育審議会に、「これからの学校教育を担う教職員やチームとしての学校の在り方について」が諮問された。二〇一五年一二月二一日に中央教育審議会は、「これからの学校教育を担う教員の資質能力の向上について―学び合い、高め合う教員育成コミュニティーの構築に向けて」を文部科学大臣に答申した。この答申は、教員の養成と採用と研修についての包括的な内容であるが、従来と異なる新しい特徴がある。課題の発見と解決に向けて主体的・協同的に学ぶ学習としての**アクティブ・ラーニング**を、これからの時代の学校教育として強調した。また、教員と地域が連携して、多様な専門的な人材が責任を持って学校教育を組織的に担う「チームとしての学校」、略して**チーム学校**というスタイルを打ち出した。学校教員を目指す学生には従来どおり「教育相談（カウンセリングに関する基礎的な知識を含む。）の理論及び方法」が必修とされる。そして、学校現場ではチーム学校のメンバーとしてスクールカウンセラーやスクールソーシャルワーカーが改めて位置づけられた。この教育政策のもとに二〇一六年以後も、教育相談は学校教育のなかで比重を果たしていくことになる。

おわりに

学校教育のなかの教育相談の担い手は、教育活動の担い手である教員であるが、学校教員以外の専門家としてのスクールカウンセラーやスクールソーシャルワーカーなどが登場することが二一世紀の大きな変化である。これは教員の役割を低下させるものではなく、学校内で活躍する専門家とも、学校外の機関とも連携しつつ学校教育本来の役割を進めていく必要性を促すものである。そのためにも、心理学や社会福祉についての知見を深めて、チームとしての学校全体の役割を活性化させる担い手になる必要がある。

（1）現在の教育基本法全体の説明は、高橋陽一『教育通義』武蔵野美術大学出版局、二〇一三年の第17章から第20章を参照。また戦後教育改革による旧法は第15章を参照。
（2）特別活動については、伊東毅『未来の教師におくる特別活動論』武蔵野美術大学出版局、二〇一一年を参照。
（3）文部科学省『中学校学習指導要領解説　特別活動編』ぎょうせい、二〇〇八年、九七頁。
（4）近代日本の教育の歩みは、高橋陽一『教育通義』武蔵野美術大学出版局、二〇一三年の第12章から第15章を参考にしてほしい。
（5）生活指導・生徒指導などについては、高橋陽一・伊東毅編『新しい生活指導と進路指導』武蔵野美術大学出版局、二〇一三年を参照。
（6）臨床心理士の人数等は、公益財団法人日本臨床心理士資格認定協会のウェブページ（http://fjcbcp.or.jp/）による。二〇一五年八月一五日閲覧。
（7）学校心理士の人数等は、一般社団法人学校心理士認定運営機構のウェブページ（http://www.gakkoushinrishi.jp/）による。二〇一五年八月一五日閲覧。
（8）文部科学省『生徒指導提要』教育図書、二〇一〇年。

第3章　教育心理学の基本

桂　瑠以

はじめに

教育相談は、教育の場で生じる多様な問題を解決するための支援・指導である。そのため、教育現場において、どのような教育活動が行われているのか、どのような問題が生じているのかを理解することは重要であり、それらを解明するために教育心理学の知見は有用であると考えられる。そこで本章では、教育心理学の概要を踏まえ、教育相談にも役立つ知見を取り上げる。

第一節　教育心理学とは

はじめに、**教育心理学**とはどのような学問なのかについて簡単に触れておく。時代背景や研究の立場の違いはあるものの、教育心理学の大きな目的の一つは、教育活動における様々な問題を解明することにある。教育活動における問題といっても、その内容は多岐に渡る。例えば、教育の対象者個人の問題がある一方で、学級、学校などの集団の問題も挙げられる。また教育を行う側（教師）が抱える問題がある一方で、教育を受ける側（児童・生徒）が抱える問題もある。これらを踏まえ、教育活動は、①特定の対象に対して、②何らかの働きかけを加え、③その結果、対象が以前とは変化する過程の三つの観点から捉えることができる。そしてこうした教育にまつわる様々な問題事象を整理して、教育現場に役立つ知見を提供していくことが教育心理学の意義と考えられる。

教育心理学の主要なテーマを先述した教育活動に対応させて考えると、①発達、②学習、③指導の三つの研究領域が挙げられる。それぞれの研究領域には、多数の観点や問題が含まれているため、その全てをここで解説することはできないが、以下の節では、教育相談にも関わりの深い知見に焦点をあてていく。

第二節　教育と発達

教育と**発達**との関連では、古くから「成熟か学習か」という問題が論じられてきた。その一つの立場として、成熟が発達的変化を作り出すという成熟説があり、他方に、教育、訓練などの学習が発達的変化を促すという学習説が挙げられる。

成熟説は、発達を規定する要因として遺伝を重視する遺伝説の立場に立っており、代表的な研究に、**ゲゼル**（Arnold Gesell, 一八八〇～一九六一）の一卵性双生児の研究がある(1)。ゲゼルは、一卵性双生児を対象に、運動機能や言葉の獲得に関する研究を行っており、その一つとして階段登りの実験を行った。この実験では、一方の女児Tには、生後四六週から七週間階段登りの訓練を行い、もう一方の女児Cには、生後五二週から二週間訓練を行い、両者の階段登りにかかる時間を測定した結果、女児Cのほうが速く登れるようになったことが示された。ゲゼルはこの結果から、学習により発達的変化が起きるのではなく、子どもの成熟状態がまず基本にあり、その状態によって、学習や訓練の効果が異なることを指摘した。この研究には、実験手続きにおける批判もみられるが、発達において学習を重視する行動主義が主流であった一九二〇年代当時の議論に一石を投じた点に意義があると考えられる。ゲゼルの発達観は、教育にも大きな影響を及ぼしている。学習を受け入れるための個体の準備状態のことを**レディネス**というが、ゲゼルの成熟説から、個体が成熟し、レディネスが成立するのを待って教育を行うべきとする教育観が提示されている。

一方、**学習説**は、**ワトソン**（John Broadus Watson, 一八七八～一九五八）の「人は環境によって規定される」とする環境説の立場に立ち、教育、学習などの環境要因が発達を促進させるとする考え方である(2)。**ヴィゴツキー**（Lev Semenovich Vygotsky, 一八九六～一九三四）の著書『思考と言語』では、**発達の最近接領域説**が提唱されている(3)。これは、子どもが一人では達成できない課題でも大人が適切な教育や指導などを行えば達成できるとき、この領域を最近接領域と呼び、最近接領域を引き上げることで発達が促進されるというものである。この理論では、子どもの成熟を待って教育を行うのではなく、教育によって子どもの発達を引き上げることが重要と考えられている。

このように、発達を規定する要因として、成熟と学習という観点が挙げられるが、現在では、両者はどちらも重要な要因と考えられている。成熟が伴わなければ学習の効果が十分に得られないし、学習の機会がなければ成熟も促進しない。このことから、成熟と学習とは相互に複雑に影響を及ぼしあっており、相互作用をしながら発達が進んでいくといえるだろう。また発達というと、子どものみを対象に考えられがちだが、成人以降も発達は進むものであり、今日では「生涯発達」という視点も強調されるようになっている。

第三節　教育と学習

動機づけ

教育において学習者の学習意欲を高め、やる気を出させることは重要な課題であり、これまでにも多くの研究が行われている。行動を発動させ、方向づけ、推進し、持続させる過程は**動機づけ**と呼ばれ、学習と関連する主な動機づけとして外発的動機づけと内発的動機づけが挙げられる。

外発的動機づけは、義務や賞罰などによってもたらされる動機づけである。例えば、絵を描いて「上手だね」と褒められるのが嬉《うれ》しいから描く、コンクールで賞をもらえるように頑張るなどがこれにあたる。一方、**内発的動機づけ**は、個人の好奇心や関心によってもたらされる動機づけである。絵を描くのが楽しいから描く、絵を描くことが好きで没頭するなどがこの一例である。

デシ（Edward L. Deci）は、実験によって動機づけの効果を検討した。[4] この実験では、大学生を二つのグループに分け、パズル課題を行わせた。この際、一方のグループには一問解けるごとに一ドルの報酬を与え、もう一方のグループには報酬を与えなかった。その後、実験者が立ち去った後の対象者の様子を別室から観察したところ、報酬を与えられたグループの対象者は、パズルをやめてしまったのに対し、報酬を与えられなかったグループの参加者は、パズルを解き続けた。デシはこの結果から、人はその活動自体が面白いと感じれば、報酬がなくてもやる気が起こり、活動がより持続することを指摘した。

このことから、内発的動機づけに基づいた学習は、外発的動機づけよりも効率的な学習となり、継続的に行われるものと考えられる。しかし、外発的動機づけが必ずしもよくないわけではない。一例として、音楽の授業で合唱の指導をする場合であれば、「やりたい、楽しそう」と感じさせることで内発的動機づけを高めると同時に、「上手にできているね」「ここをこうするともっとよくなるよ」などの言葉かけを行うことで外発的動機づけを高め、両方の動機づけを効果的に用いることができるだろう。このように、外発的動機づけと内発的動機づけは両立しうるものであり、教育活動においては、いずれの動機づけも有効と考えられる。

また、動機づけに影響する要因の一つとして、原因帰属が挙げられる。**原因帰属**とは、ある事柄が生じた原因を考えることである。例えば、試験に合格したのはなぜかを考えるとき、「問題が簡単だったから」「自分が努力したから」などと考えることが一例である。

ワイナー（Bernard Weiner）は、この原因帰属によって、その後の動機づけが異なることを指摘し、動機づけの原因帰属理論を提唱している[5]（表1）。ワイナーによれば、原因帰属のほとんどは、次の三次元で解釈することができるとされる。その一つは、**統制の位置**であり、原因が自分の内にあるか（内的）、外にあるか（外的）という次元である。「試験に合格したのは、自分の努力が認められたからだ」と捉えるのが前者であり、「試験が簡単だったからだ」と捉

	内的		外的	
	安定	不安定	安定	不安定
統制不可能	能力	気分	課題困難度	運
統制可能	努力	一時的な努力	教師の偏好	他人からの援助

表1　ワイナーの原因帰属理論
Weiner, B., “A theory of motivation for some classroom experiences”, *Journal of Educational Psychology*, 1979, Vol. 71

えるのが後者の帰属である。二つ目は、**安定性**であり、その原因の状態が変化しうるか（不安定）、変化しないか（安定）という次元である。「今回の試験は落ちてしまったが、次は合格できそうだ」と捉えるのが前者であり、「次も落ちてしまうだろう」と捉えるのが後者である。三つ目は、**統制可能性**であり、その原因をコントロールできるか（統制可能）、できないか（統制不可能）という次元である。「もっと時間をかけて覚えれば、合格できるだろう」と捉えるのが前者であり、「どれだけ努力しても駄目だろう」と捉えるのが後者である。

そしてこの三つの次元を組み合わせることで、動機づけの高低が異なってくる。組み合わせの一つとして、内的で、不安定で、統制可能なものに帰属する場合、成功への自信や意欲を持ち、努力をするようになり、動機づけが高まると考えられる。一方、外的で、安定しており、統制不可能なものに帰属する場合、努力してもまた失敗すると考え、気力がそがれ、動機づけが低下してしまう。こうした帰属の違いは、教育者の態度や言葉かけによっても変わってくる。例えば、子どもが失敗した際に、「また間違えたのか」と間違いを指摘するばかりでは、子どもは自分の失敗を内的で、安定的で、統制不可能なものと捉え、動機づけを低下させてしまうが、「ここをこうすれば、次はできるよ」といった言葉かけをすることで、失敗を内的で、不安定で、統制可能なものと捉え、動機づけが高まるようになる。このように、教師が子どもの成功や失敗をどのように帰属し、言葉かけを行うかは、動機づけを高める上で重要な点と考えられる。

学習性無力感

学習においては、自分で学習をコントロールできると感じることが重要であり、この点を検討した研究に、**セリグマン**（Martin E. P. Seligman）と**マイヤー**（Steven F. Maier）の実験が挙げられる[6]（図1）。セリグマンとマイヤーは、犬を対象に実験を行い、①は犬の顔のそばにパネルがあり、パネルをつつくと電気ショックが止められる条件、②は①と同様にパネルがあるが、パネルをつついても電気ショックが止められない条件の二つに分けて、それぞれの装置につなぎ、電気ショックを与えた。次に、どちらの条件の犬も電気ショックを止められる装置につなぎ、電気ショックを与えた結果、①の条件の犬は、しばらくすると自分で電気ショックを止めるようになったのに対して、②の条件の犬は、電気ショックを止めようとする意欲をなくし、じっとショックに耐えるだけだった。この理由として、一方の犬は、自分で電気ショックを止められるというコントロール可能性をもっていたが、もう一方の犬は、コントロール可能性を奪われており、そのような状況に長く置かれると無力感に陥り、その状況から逃れようとする努力や動機づけを失うと考え、これを**学習性無力感**と呼んだ。

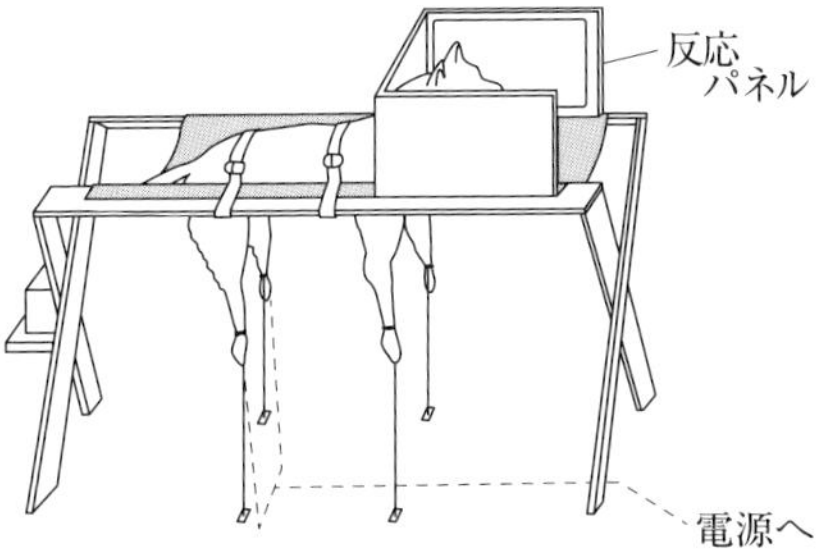

図1　セリグマンとマイヤーの学習性無力感の実験
今田寛ほか編『心理学の基礎』改訂版，培風館，1991年，123頁

人間の場合も、この実験と同様の結果がみられており、学習性無力感をもつと、課題に取り組まなくなる、学習が嫌いになる、抑うつや不安など心理的問題が生じやすいなどが指摘されている。無力感や無気力は、学習の過程で生じるものであるため、教育者はこの点に配慮して教育を行う必要がある。また学習性無力感を予防するためには、課題の内容だけでなく、課題の出し方、フィードバックの仕方などに配慮することも必要と考えられる。

自己効力感

学習性無力感の研究からは、学習におけるコントロール可能性の重要性が指摘された。しかし、「宿題は後でやればいい」といってなかなかやらないことがあるように、コントロール可能性が高くても、実際には学習に取り組まない場合もある。**バンデューラ**（Albert Bandura）は、この点を整理し、学習における**自己効力感**の重要性を指摘している[7]。自己効力感とは、ある特定の課題について、期待された成果が得られることであり、「自分にはできる」と感じることである。なお、「数学はできるが、英語はあまりできない」というように、自己効力感は課題によって異なるが、一般的に自己効力感が高いほうが課題に意欲的に取り組み、成果も高まると考えられる。

それでは、教育において自己効力感を高めるにはどうすればいいだろうか。そのためには、到達可能な分かりやすい目標を設定する、問題解決方法を具体的に示すなどの指導の工夫を行い、「できる」という自信をもてるような働きかけを行っていくことが有効と考えられる。

個人差

同じ学習を行っても、子どもの興味・関心などによって、学習の成果は大きく異なるものである。そのため、子どもの個人差を理解して、個々の子どもに応じた指導を行うことは、教育現場でも重要な課題と考えられる。個人差には様々なものがあるが、教育においては、子どもの知能、体格、学習態度、思考、性格、興味・関心などの個人差が注目されている。紙幅の都合上、ここでは、学習において特に重要と考えられる興味・関心の個人差に焦点をあてる。

興味・関心の個人差は、情動面からみた個人差であり、内発的な動機づけの基になるものである。興味・関心の個人差を生かした学習の一つに、**課題選択学習**が挙げられる。課題選択学習は、教師が用意した複数の課題の中から、子どもが選択した課題を個人あるいはグループで進めていく学習形態である。これにより、学習者は自分にとって関心の高い課題を選ぶことで、課題に意欲的に取り組み、学習が主体的になされると考えられる。また課題選択学習を展開していく中で、自分や他の生徒の学習を評価する機会を設けることで、自他の学習を振り返り、より良い学び方を考え、行動する能力が培われ、学習をコントロールする能力も高めることができる。一方、課題選択学習を行う際は、次のような点に留意する必要がある。一つに、この学習方法を進めていくと、個人やグループで学力に違いが出るおそれがある。また、得意な学習が選択されることが多く、苦手な学習がなされないため、不足している学習を補う工夫も必要である。さらに、教材準備や授業の進行など、教師の負担が大きいことや、課題に応じた物理的環境を整えることも必要である。こうした点に対処するため、**チーム・ティーチング**（Team Teaching, TT）などの個別指導を併用することや、単元の終わりの段階で発表の時間を設けて、自分が選択した課題だけでなく、他の生徒の学習についても理解できるようにするなどの工夫が必要と考えられる。

適正処遇交互作用

クロンバック（Lee Joseph Cronbach）は、個人差と教育との関連を検討し、指導法や教材などの教育的処遇の効果が、学習者の個人差（適性）によって異なるという**適正処遇交互作用**を提唱した(8)。この代表的な研究として、**スノー**（Richard Eric Snow）の実験が挙げられる(9)。この実験では、大学生を対象に、①映像による授業を受講する条件、②講義による授業を受講する条件に分け、条件ごとに受講した後、テストを行い、得点を比較した。その結果、両条件のテストの点に差はみられず、授業スタイルの違いによる差異はないことが示された。しかし、各条件を対人積極性の高低で分類し、再度四群の得点を比較した結果、対人積極性の高い学生は、講義による授業での成績がよいのに対し、対人積極性の低い学生は、映像による授業での成績がよいことが示された。このことから、学生の個人差により、効果的な指導方法が異なる可能性が示された。

適正処遇交互作用の視点からは、個人差にあわせた指導の有効性が示されている。一方で、子どもの側の個人差にあわせて長所を伸ばすだけではなく、短所を育てることも重要ではないかと考えられており、このような視点を**適性形成的視点**という。先の実験であれば、対人積極性が低い学生の対人積極性を育てていくことも重要であろう。このように、教育においては、個人差に応じた指導法の工夫も重要であるが、同時に個人の側の適性を育てていくことも必要と考えられる。

第四節　教育と指導法

前節でみてきたように、学習者の意欲や学習成果を高め、個に対応した教育を実現することは重要な課題であるが、そのためにはどのような指導を行えばよいだろうか。こうした指導法に関する研究は、これまでにも研究や実践が行われており、多様な指導法が開発されている。中でも有用な指導法として、小集団学習、発見学習、有意味受容学習、プログラム学習などが挙げられる。

小集団学習は、今日、教育現場で活用されることの多い授業法の一つである。代表的な小集団学習として、課題選択学習（前節参照）、バズ学習、ジグソー学習などがある。**バズ学習**は、学級を小グループに分けて、グループでの話し合いを交えながら学習を進めていく形態であり、協同学習、協調学習とも呼ばれる。また**ジグソー学習**は、小集団学習に仲間同士の教え合いを加えた学習形態であり、小集団内でのコミュニケーションを活性化させ、互いに教え合うことによって学習の定着を高める効果がある。小集団学習の利点として、協同する学習によって、主体性や学習に対する責任感が向上する、学習への興味・関心が向上するなどの点が挙げられる。一方、留意点として、個人差、グループ差が生じること、一斉授業より指導に時間がかかるため、効果的な課題を選定するなどの工夫が必要と考えられる。

発見学習は、**ブルーナー**（Jerome Seymour Bruner, 一九一五〜）によって提案された学習方法であり、子ども自身が自分で問題解決方法や答えを見つけて知識を獲得していく学習形態である。[10] この学習方法は、自ら問題意識をもち、内発的動機づけに基づいて学習に取り組むため、知識の定着が深まり、知識を一般化して活用しやすくなるなどの利点がある。一方、問題点として、自発性に基づいて進められる学習であるため、学習に時間がかかることや、発見するための前提となる基礎的知識がないと発見につながらず意欲がもてないこと、発見に導くための教材準備が必要なことなどが挙げられる。

また、発見学習の対極にある「受容」を重視した学習方法として、**有意味受容学習**が挙げられる。[11] この学習方法は、**オースベル**（David Paul Ausubel）によって提唱されたものであり、既存の知識と新しく獲得する知識とを関連づけながら受容し、適切に構造化することで、スムーズに知識を獲得していくことができるとされている。そのために、オースベルは**先行オーガナイザー**の有効性を指摘している。[12] 先行オーガナイザーとは、新しい知識の受け皿のことであり、例えば学習前に学習内容の枠組みを提示することで、意味が理解しやすくなるものと考えられる。

最後に、**プログラム学習**は、**スキナー**（Burrhus Frederic Skinner）の主体性を重視したオペラント条件づけ理論の原理を踏まえた学習方法である。[13] この学習は、学習目標へ至る過程ができるだけ細かなステップに分割され、系統づけられていること（スモール・ステップ）、ステップごとの刺激に対して、学習者の反応が求められること（積極的反応）、学習者の反応の正誤が即時的に確かめられること（即時的フィードバック）、学習が学習者のペースで進められること（自己ペース）などの原理に基づいている。[14] こうした学習により、学習者一人一人の習熟度に対応することができ、効率よく学習を進められると考えられる。プログラム学習は、当初ティーチング・マシンという装置を用いて行われていたが、その後、コンピューターにプログラム学習を組み込んだＣＡＩ（Computer Asisted Instruction）に発展し、さらに近年では、インターネットを活用した e-learning（electronic learning）にも応用されている。

おわりに

本章では、教育相談の基礎となる教育心理学の知見を取り上げた。教育心理学の領域では、教育活動における諸問題について、発達、学習、指導法などの観点から検討されており、こうした心理学の考え方や問題提起は、教育相談において、子どもと関わる上で基盤となるものと考えられる。そこで次章では、本章で取り上げた領域の中で教育相談と特に関わりの深い「発達」についてみていくことにする。

（１）Gesell, A. & Thompson, H., "Learning and growth in identical infant twins: An experimental study by the method of co-twin control", *Genetic Psychology Monographs*, Vol. 6, 1929, pp. 1–123.

（２）Watson, J. B., *Behaviorism*, New York, 1925. 安田一郎訳『行動主義の心理学』河出書房新社、一九八〇年。

（３）Vygotskii, L. S., *Thought and language*, New York, 1962. 柴田義松訳『思考と言語　新訳版』、新読書社、二〇〇一年。

（４）Deci, E. L. & Flaste, R., *Why we do what we do: The dynamics of personal autonomy*, New York, 1995. 桜井茂男監訳『人を伸ばす力　内発と自律のすすめ』新曜社、一九九九年。

（５）Weiner, B., "A theory of motivation for some classroom experiences", *Journal of Educational Psychology*, 1979, Vol. 71, pp. 3–25.

（６）Seligman, M. E. P. & Maier S. F., "Failure to escape traumatic shock", *Journal of Experimental Psychology*, 1967, Vol. 74, pp. 1–9.

（７）Bandura, A., *Self-efficacy: The exercise of control*, New York, 1997.

（８）Cronbach, L. J. & Snow, R. E., *Aptitudes and instructional methods: A handbook for research on interactions.*, New York, 1977.

(9) Ibid.

(10) Bruner, J. S., "The act of discovery", *Harvard Educational Review*, 1961, Vol. 31, pp. 21–32.

(11) Ausubel, D. P., "The facilitation of meaningful verbal learning in the classroom", *Educational Psychologist*, 1977, Vol. 12, pp. 162–178.

(12) Ibid.

(13) Skinner, B. F., "The science of learning and the art of teaching", *Harvard Educational Review*, 1954, Vol. 24, pp. 86–97.

(14) Ibid.

第4章　発達理論の基本

桂　瑠以

はじめに

教育相談を行うためには、子どもの発達段階を理解し、その発達段階における心身の特性や問題に応じて対応を行うことが求められる。また発達障害についての知識や関わり方の技術を養い、学級などの集団単位だけでなく、個人単位でも適切な対応を行っていくスキルも必要となる。そのために、教育活動の対象となる人（学校教育では、児童生徒）の特性を理解することは重要なことである。そこで本章ではまず、子どもの発達と教育の基本的な考え方について取り上げることにする。

第一節　発達とはなにか

発達には様々な定義や捉え方があるが、**発達**とは、個人がそれまでできなかったことができるようになること（あるいは、できたことができなくなることも含まれる）であり、**成熟**や**学習**との関連が深いものである。掛け算ができるようになった、水泳でクロールの仕方を覚えたなど、発達には様々な側面や段階があるが、成熟による発達は、遺伝的な要因に基づくものであり、個体が本来もっている機能や能力が成長とともに自然に現れてくることが多い。例えば、背が伸びた、足のサイズが大きくなったなどの身体機能の増大がその一例として挙げられる。一方、学習による発達は、個体外の環境要因の影響が大きく、生後の経験によって獲得されていくものである。一例として、文字の読み書きや掛け算、割り算の計算ができるようになった、友人関係の中で社会性や道徳性を学んだなどがこれにあたる。

子どもの発達に関する基本的な論点として、①認知能力、言語能力などの**知的発達**、②性格、人格などの**自我に関する発達**、③社会的スキル、友人関係をはじめとする対人関係などの**社会的発達**が挙げられる。これらの発達の論点は、どの側面も学校教育との関連が深く、教育活動の重要な位置を占めている。本章では、主に知的発達と自我に関する発達に焦点を当て、次章では社会的発達に焦点を当ててみていく。

第二節　ピアジェの思考の発達段階

ピアジェ（Jean Piaget, 一八九六〜一九八〇）は、人間の発達を個体と環境の相互作用の立場から捉えており、「**シェマ**」という概念を発達の基底においている。[1]シェマというのは、知識の枠組みのことであり、環境との関わりの中で質的に変化していく。ちょうどコンピューターのプログラムのようなイメージで、外部（環境）から情報が取り込まれると、プログラムがその情報を処理したり、新たな情報を個体に取り込むような機能を果たしているといえるだろう。ピアジェは、シェマの質的変化から、乳児期から児童期にかけての発達を大きく四つに分類し、①感覚運動期、②前操作期、③具体的操作期、④形式的操作期という四段階で説明している（表1）。この理論では、論理的思考力がどのように発達していくかという観点から発達を捉えているため、思考の発達段階とも呼ばれている。

①　感覚運動期

この時期は生後〜二歳頃にあたり、思考以前の活動が中心である。言語を使用した思考はまだできない状態ではあるが、ものをいじったり、触ってみたりという**感覚運動的行為**を繰り返しながら、感覚と行動のパターンを形成していく。例えば、生後数ヵ月の赤ちゃんは「吸う」「そばにあるものをつかむ」などの反射行動や感覚運動を通じて、外の世界にあるものを理解し、経験として自分の中に取り入れていく。

発達段階	年齢の範囲	達成可能な典型と限界
感覚運動的段階 （誕生～2歳）	誕生～1ヵ月	反射的な活動（シェマ）を行使し外界を取り入れる.
	1～4ヵ月	第一次循環反応（自己の身体に限った感覚運動の繰り返し），行為の協応.
	4～8ヵ月	第二次循環反応（第一次循環反応の中にものを取り入れての繰り返し），視界から消えるとその対象を探索しようとしない.
	8～12ヵ月	第二次循環反応の協応，隠された対象を探す，しかし最後に隠された場所でなく，最初にあった場所を探す.
	12～18ヵ月	第三次循環反応（循環反応を介し，外界の事物に働きかけ，外界に変化をもたらす自分の動作に興味を持つ），目と手の協応動作が成立.
	18～24ヵ月	真の心的表象の始まり，延滞模倣.
前操作的段階 （2～7歳）	2～4歳	記号的機能の発現，ことばや心的イメージの発達. 自己中心的コミュニケーション.
	4～7歳	ことばや心的イメージのスキルの改善，ものや事象の変換の表象は不可能．保存問題や系列化やクラス化の問題に対し一つの知覚的次元で反応（判断）.
具体的操作段階 （7～12歳）		具体物を扱う限りにおいては論理的操作が可能になる．ものや事象の静的な状態だけでなく変換の状態をも表象可能，外見的なみえに左右されず保存問題や系列化やクラス化の問題解決が可能，だが科学的な問題や論理的変換のようにあらゆる可能な組合せを考えねばならぬ問題には困難を示す.
形式的操作段階 （12歳～）		経済的事実に基づくだけでなく，仮説による論理的操作や，命題間の論理的関係の理解が可能である．より抽象的で複雑な世界についての理解が進み，たとえば，エネルギーの保存や化学的合成に関するような抽象的概念や知識が獲得される.

表1　ピアジェが仮説化する各発達段階での子どもの思考特徴
無藤隆ら編『発達心理学入門Ⅰ』東京大学出版会，1990年，86頁

② **前操作期**

この時期は二～七歳頃にあたり、ことばやイメージの発達により、思考が出現し、ものの理解が広がっていく時期である。この時期には様々なことばを獲得していくが、まだ論理的に思考することができないため、その前段階である前操作と呼ばれている。図1（次頁）は**保存課題**の例である。この時期の子どもは、同じ大きさの容器に入った液体の一方を形が異なる別の容器に移すと、液体の量が違うと答える。これは、まだ保存という論理的な思考ができず、見かけの特徴に左右されてしまうためである。このように見かけに左右されてしまうことは、自分自身の限られた見方しかできていない状態であり、これを**自己中心性**という。ピアジェは子どものものの見方を調べるために「三つ山問題」と呼ばれる課題を用いている（図2）。これは自分の位置から見た山の形が反対側からはどのように見えるかを尋ねる問題で、この時期の子どもは、反対側からも自分の視点からと同じように見えると考えており、自分の視点を中心にしていることを示している。

③ **具体的操作期**

この時期は七～一二歳頃にあたり、具体的なものを扱う限りでは、論理的に思考し、それらのものの関連などを理解できるようになる。先ほどの保存課題でも、見かけが変化しても同じ量であると答えられるようになり、「何も加えたり減らしたりしていないから」などの適切な理由も述べられるようになってくる。この時期において、子どもは論理的思考力を備えていき、自分の視点だけでなく、他者の視点も理解できるようになり、これを**脱中心化**という。

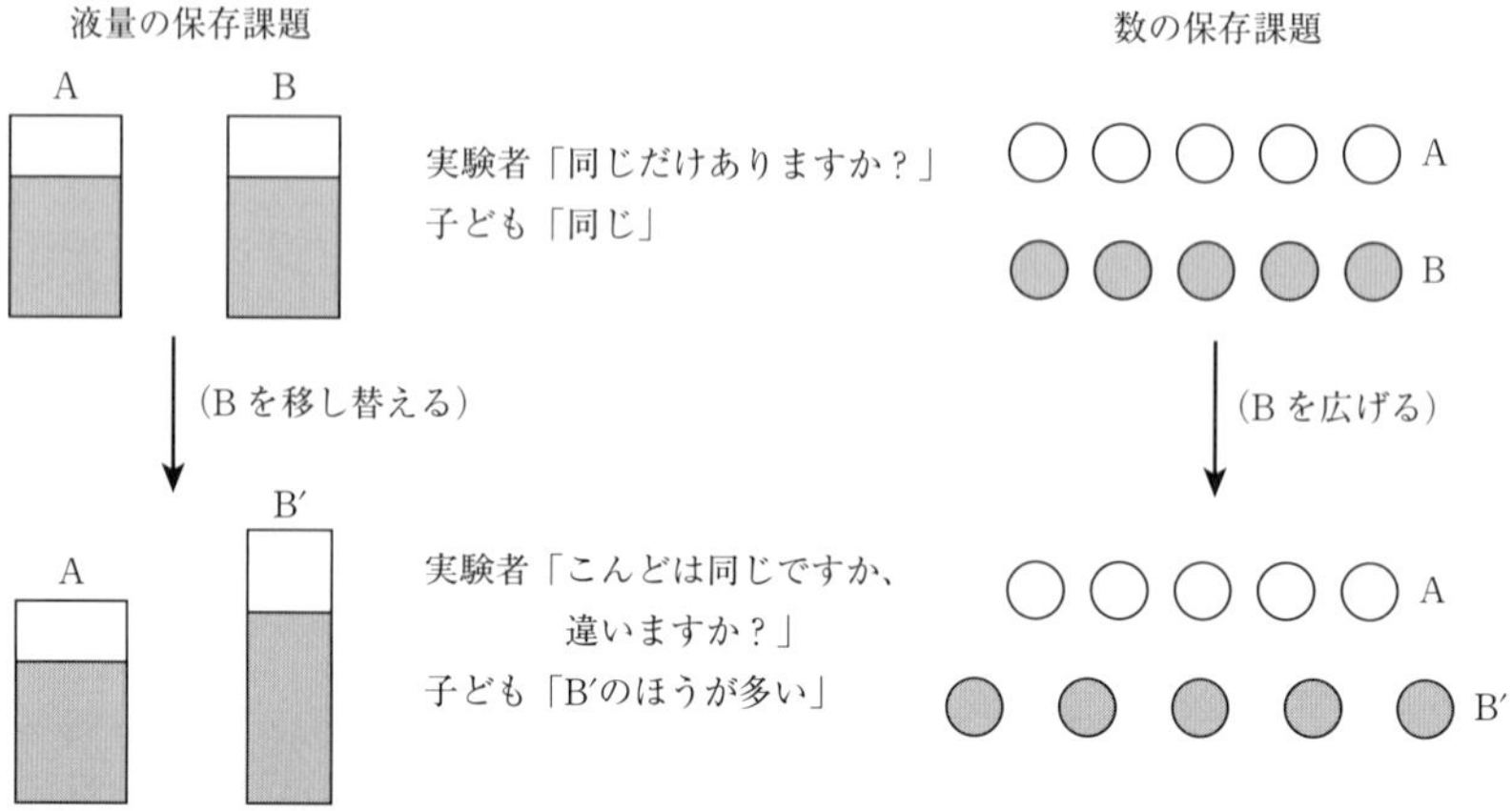

図 1　液量と数の保存課題
北尾倫彦ほか『精選　コンパクト教育心理学』北大路書房，2006 年，18 頁

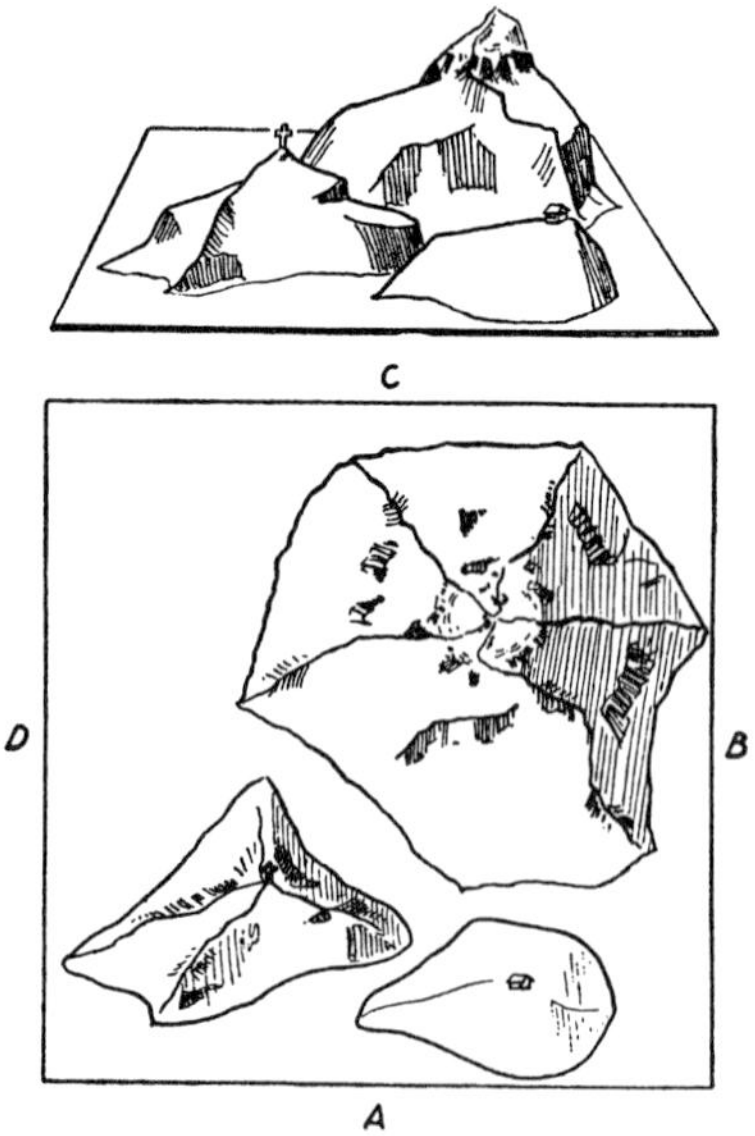

図 2　三つ山の問題
Piaget, J., & Inhelder, B., *The Child's Conception of Space*, 1956

④　形式的操作期

この時期は一二歳頃からにあたり、直接的な行動だけではなく、抽象的、形式的な内容でも、心の中でイメージとして思い描き、思考することができるようになる。例えば「もし……だとしたら……だろう」などの仮説に基づいた思考や、組み合わせ思考も可能になってくる。

このように、子どもの思考は、はじめは直接的な経験や身体の感覚を通した外界の認知が中心であるが、しだいに、経験を心の中に取り込み、心の中で対象にいろいろな操作を加えて動かすというような間接的な思考ができるようになってくるのである。またこの発達理論では、ことばの発達が重要な役割をしている。

第三節　ことばの発達

ことばは、自分の考えや思いを表現して他者に伝えるだけでなく、思考や行動調節の働きもする。例えば、自分の頭の中で物事を考えたり、「次にこれをやろう」と自分のすべき行動を調節したりするときにもことばを用いる。ことばの発達は思考の発達と密接に関連しており、教育においても重要な位置を占める。

乳幼児の言語発達

新生児の発声は泣き声が中心である。その後一ヵ月を過ぎる頃になると、落ち着いた泣き声や、反復した発声（喃《なん》語《ご》）がみられる。また生後二、三ヵ月頃には「三ヵ月微笑」といわれる、人の顔を見ると微笑《ほほえ》みをみせる社会的微笑が現れ、周りの人と非言語的なコミュニケーションをとるようになる。生後一〇ヵ月頃になると、人の声を聴きイントネーションをまねる「模倣」が現れ、ものを指さしたり、差し出したりするような身振りを介したコミュニケーションも活発になってくる。また動作、表情なども豊かになり、自分の意思を他者に伝達することもできるようになり、こうした非言語的コミュニケーションは、言語を介したコミュニケーションの基礎となる。

生後一～一歳半頃には、自発的に有意味語を発するようになり、これが**初語**と呼ばれる。一歳頃から一歳半頃には、文法も急速に習得されていく。はじめは一語でも文と同じような働きをする一語文、その後、二歳頃までに二語文、二～三歳頃までに三語文、さらに多語文を使えるようになり、三歳頃になると文章として発話ができるようになる。また、この頃から語彙が飛躍的に増加する**ボキャブラリー・スパート期**に入り、六歳頃には約二五〇〇語を発することができるようになる。

ことばの発達には個人差が大きいが、養育者の果たす役割は極めて大きい。特に、愛着関係のもてる特定の養育者からの言葉かけが、後々の言語能力にも影響することが多くの研究によって指摘されている。日常の生活の中で養育者の言葉かけを聴き、楽しみながら発話をする生のやりとりを繰り返すことが、子どものことばの発達において重要なのである。

学童期の言語発達

学童期になり学校教育が始まると、体系的なことばの学習によって、さらに複雑、多様なことばを習得していく。小学校中学年頃になると、ことばの使い分けが進み、それまで使っていた親しい特定の人との会話で用いられる「一次的ことば」から、不特定多数の聞き手に対して用いられるような話しことばや書きことばである「二次的ことば」に分化が起こり、両者は互いに影響しあいながら、適切に使い分けられるようになっていく。また「～だから……だ」などの因果関係や、「～したときに」などの時系列の理解も進み、言語思考が一層深まりを増していく。さらに

五、六歳頃には、伝達のためのことばである「**外言**」から、思考のためのことばである「**内言**」の分化がみられる。内言が充実していくと、ことばで外界の出来事を整理・理解したり、実際に目の前にはない抽象的な物事についても論理的に考えられるようになる。このように、ことばが発達するにつれ思考力も向上し、より豊かな知識の構造になっていくのである。

この外言から内言の分化の過渡期に、**自己中心的言語**がみられる。**ヴィゴツキー**（Lev Semenovich Vygotsky, 一八九六～一九三四）は、幼児が独り言のようなことばを発することに着目し、これは伝達のためのことばである外言が、思考のためのことばである内言に移行していく際に現れる言語と考えた。そして内言が発達するにつれて自己中心的言語はしだいに減っていき、分化が完了する頃には消滅するものとされる(2)。

第四節　認知・知能の発達

メタ認知

私たちは普段の生活の中で、様々なものを見聞きしたり、考えたり、判断したりしているが、こうした活動は**認知**と呼ばれる。例えば、景色を見て自然の美しさを感じたり、「この植物はなんという名前だろう」と考えたり、以前、植物図鑑でその植物を見た記憶を思い起こしたりすることなどは、全て認知の働きである。

認知は幅広い活動を含むが、その一つにメタ認知がある。**メタ認知**とは、自分の知覚、思考などの認知をより高い視点から認知することをいう。例えば、授業で宿題が出たとき、「締め切りが○日だから、一日にこのくらいずつ進めれば間に合いそうだ」「ここは苦手なところだから前の単元から復習したほうがいいだろう」など、予定を立てながら進めていくことがこれにあたる。メタ認知には、**メタ認知的知識**と**メタ認知的技能**が含まれ、前者は、「自分はこの学習が苦手だ」など、自分の認知の状態を判断する知識のことをいう。一方後者は、認知作用を直接調整するコントロールやモニタリングをする技能のことであり、「当初の予定より学習ペースが遅れているので、今日は多めに進めよう」と活動を調整・実行することである。メタ認知能力は、様々な学習の経験を積み重ねて獲得されていくものであり、学習を効率的、主体的に進めるために重要な能力である。学校教育の中でも、教師が適切なフィードバックを行うことで、子どもは自分自身を振り返り、自分を見つめる機会が得られる。このように、子どもの発達段階にあわせてメタ認知能力を育成していくことにより、思考力や問題解決能力の向上が期待される。

知　能

「知能とはなにか」という問題は古くから議論されているが、知的活動のどの点に注目するかによって、知能の定義は異なり、様々な観点から定義がなされている。それらをまとめると、①物事を判断したり、洞察する抽象的な**思考能力**、②経験によって自分の行動を変化させる**学習能力**、③新しい環境に順応し、課題解決を行う環境への**適応能力**の三つに分類することができる。

ギルフォード（Joy Paul Guilford）は、知能を①知的操作（知的な働きとは何か）、②内容（知的な働きはどのような情報を処理するのか）、③所産（知的な働きの結果としてどのようなものが生じるのか）という三つの観点から捉え、これらの組み合わせである四×六×五＝一二〇個の要素から構成されるものとする**知能構造モデル**を提唱している(3)（図3）。またギルフォードは、知能を**拡散的思考**と**収束的思考**に分類している。前者は既知の情報からいろいろな可能性を考え、多くの答えを導き出す能力であり、創造性と関連が深い。一方、後者は既知の情報から特定の答えを導き出す能力であり、知能検査で測定される知能の側面と考えられる。

その他にも知能理論には様々なものがみられ、代表的な理論としてスピアマン（Charles Edward Spearman）の二因

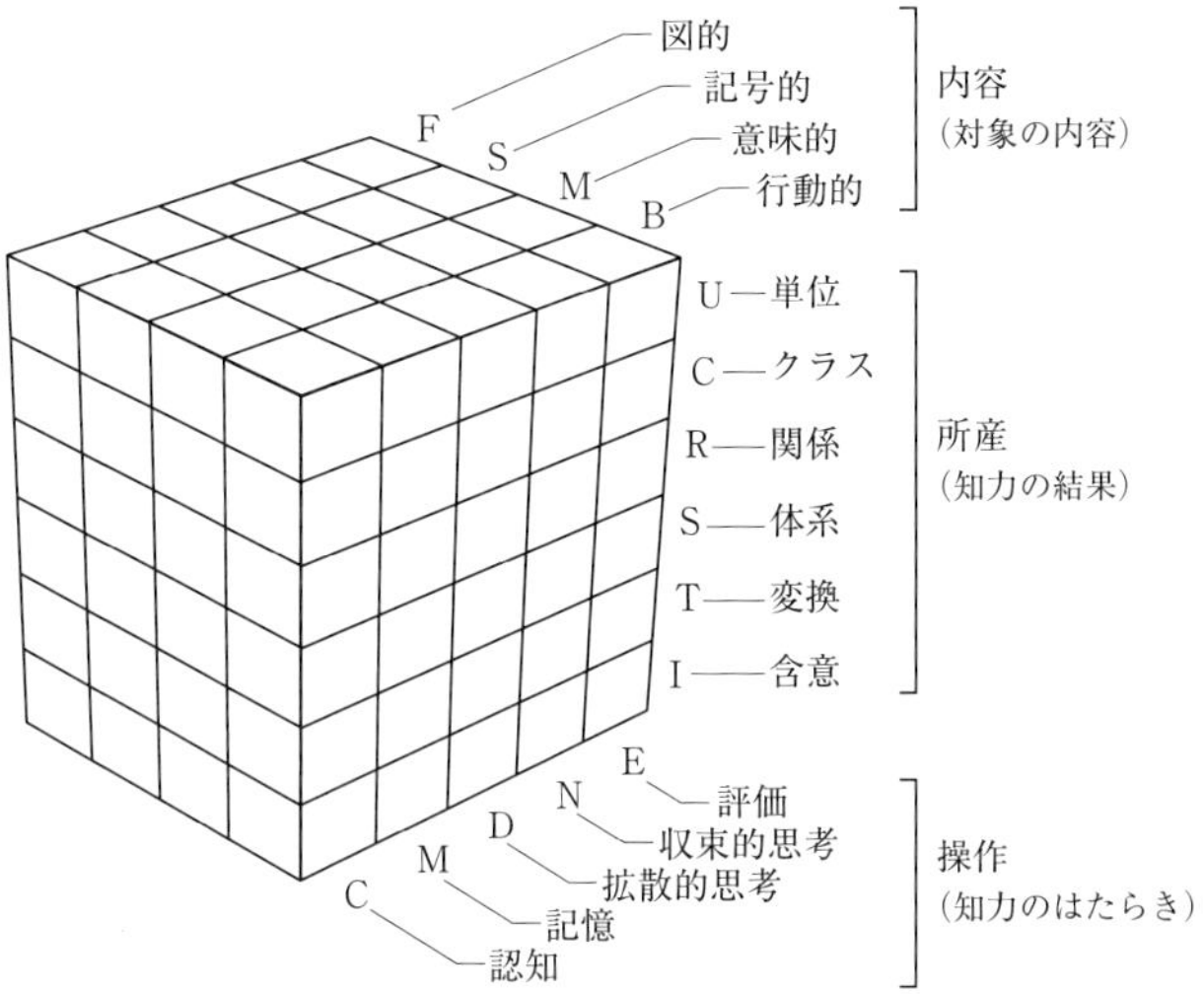

図3　ギルフォードの知能構造モデル
桜井茂雄編『たのしく学べる最新教育心理学』図書文化社，2004年，86頁

子説[4]、サーストン（Louis Leon Thurstone）の多因子説[5]などがある他、ガードナー（Howard Gardner）の多重知能理論[6]や、近年提案されたＣＨＣ理論なども注目されている。

知能検査

知能を測定するために、これまでに多くの知能検査が考案されているが、国内で使用されている代表的な知能検査として、ビネー式知能検査、ウェクスラー式知能検査などがある。

ビネー式知能検査は、世界で最初に作られた知能検査であり、一九〇五年に**ビネー**（Alfred Binet, 一八五七～一九一一）とシモン（Théodore Simon）によって考案された[7]。この検査は、知的発達に遅れがみられる子どもを識別することを目的として開発されたもので、知能の程度を精神年齢という指標で表している。国内ではこれを日本版に改定した田中＝ビネー式知能検査、鈴木＝ビネー式知能検査が使用されている。

ウェクスラー式知能検査は、一九三九年にウェクスラー（David Wechsler）によって考案されたものであり、個人の知能の特徴をプロフィールで図示し、偏差値として測定することができる[8]。この検査には幼児用、児童・生徒用、成人用の三種類があり、同一年齢集団内における個人の相対的な位置が示される。

心の理論

私たちは他者の気持ちや考えを推測したり、予測することができるが、こうした能力は**心の理論**と呼ばれる。例えば、授業に遅刻して教室に入るとき、先生が怒っているのではと考えて、先に謝る場合などが一例である。心の理論は、社会生活を営む上で不可欠なものであるが、子どもはいつ頃こうした能力を身につけるのかが調べられており、その一連の研究に、「誤信念課題」という課題がある。ワイマー（Heinz Wimmer）とパーナー（Josef Perner）は、次のような誤信念課題を実施して、子どもの心の理解を検討している。[9]

①マキシはチョコレートを緑色の戸棚にしまいました。
②マキシは公園に行きました。
③マキシがいない間にお母さんはチョコレートを緑色の戸棚から青色の戸棚へ移しました。
④お母さんは庭へ出て行きました。
⑤マキシはチョコレートを食べるために家に戻りました。
⑥マキシはチョコレートを食べるためにどこを探しますか？

このマキシとチョコレート課題の正解は、マキシは緑色の戸棚を探すという答えである。しかし、心の理論が獲得できていない子どもは、青色の戸棚を探すという誤った答えを言ってしまう。これは自分が知っていること、すなわち自分の心から離れた他者の心の状態を推測できていないためである。一般に、子どもは四歳頃から心の理論を獲得していき、他者が自分とは違う「心」をもつことを理解していく。なお自閉症児を対象にした研究からは、自閉症児は健常児と比べて心の理論の獲得が難しいことが指摘されている。

第五節　エリクソンの発達理論（発達段階説）

エリクソン（Erik Homburger Erikson, 一九〇二〜九四）は、人間の一生涯にわたる発達を八つの発達段階に分けて捉えており、**発達段階説**を提唱している[10]（図4）。エリクソンの発達理論の大きな特徴として、**心理的・社会的発達**が挙げられ、発達における**社会との関わり**が重視されている。人間は、家族、地域、社会などの広範な社会の中で、他者と触れ合いながら自分をコントロールしつつ、自己を成長させていく。またこの理論では、自我の発達に焦点を当てており、自分を作り上げ、コントロールしていく自我機能も重視されている。八つの発達段階にはそれぞれ固有の課題が設けられており、それらの課題を解決し、心理的・社会的危機を乗り越えることで、より高い段階へと進んでいくとされる。各課題における解決と発達的危機は、図4のように対立のかたちで表されている。

なかでも青年期は、**自我同一性**（**アイデンティティ**）の確立が発達課題である一方、自我同一性の拡散が発達的危機とされている。この時期には、「自分とは何者なのか」「将来どのようにしたらいいのか」などの自我同一性に関する悩みに取り組み、自分探しを行っていく。そして十分に悩みの経験を重ねて自分の居場所が得られ、自分の打ち込めるものがみつかると、自我同一性が獲得され、その後の発達段階の基盤となっていく。他方、自分が何者か分からず、自分がないように感じると、自我同一性が拡散した状態に陥ってしまい、その後の人生においても充実感や満足感が感じられにくくなる。このように青年期は、肯定的な将来への展望を自ら立てて、将来の見通しを広げ、アイデンティティを確立していく時期であり、その後の人生にも大きな影響を及ぼすと考えられる。そのため、この時期の友人

	1	2	3	4	5	6	7	8
老年期 Ⅷ								統合 対 絶望、嫌悪 英知
成人期 Ⅶ							生殖性 対 停滞 世話	
前成人期 Ⅵ						親密 対 孤立 愛		
青年期 Ⅴ					同一性 対 同一性混乱 忠誠			
学童期 Ⅳ				勤勉性 対 劣等感 適格				
遊戯期 Ⅲ			自主性 対 罪悪感 目的					
幼児期初期 Ⅱ		自律性 対 恥、疑惑 意志						
乳児期 Ⅰ	基本的信頼 対 基本的不信 希望							

図 4　エリクソンの発達段階

E. H. エリクソン，村瀬孝雄・近藤邦夫訳『ライフサイクル，その完結　増補版』みすず書房，2001 年，73 頁

関係をはじめとした対人関係や教育指導の影響力は、非常に大きなものといえる。

おわりに

　本章では、発達に関する基本的な理論として、認知能力、言語能力の発達や発達段階などについて触れてきた。子どもの認知能力と言語能力は密接に関わっており、ことばの発達が知的活動や思考能力を促し、認知能力がことばを生み出していく。さらに、自我の発達も社会との関わりの中で獲得されていき、一生涯を通じて形成され、統合されていくのである。したがって、教育相談においても、子どもの発達の状態を踏まえた上で、その発達段階に即した支援を行っていくことが有用といえる。また、子どもの心身の発達を促すためには、家庭、学校といった子どもを取り巻く環境が一体となって発達の基盤を作り、社会全体で教育に取り組むことが重要と考えられる。そこで次章では、社会との関わりの中で学ばれる社会性の

発達についてみていく。

（1）Piaget, J., *The origins of intelligence in children*, New York, 1952. 谷村覚・浜田寿美男訳『知能の誕生』ミネルヴァ書房、一九七八年。

（2）Vygotskii, L. S., *Thought and language*, New York, 1962. 柴田義松訳『思考と言語　新訳版』新読書社、二〇〇一年。

（3）Guilford, J. P. , *The nature of human intelligence*, New York, 1967.

（4）Spearman, C. E., "General intelligence, objectively determined and measured", *American Journal of Psychology*, 15, 1904, 201–293.

（5）Thurstone, L. L., *Primary mental abilities*, Chicago, 1938.

（6）Gardner, H., & Hatch, T., "Multiple intelligences go to school: Educational implications of the theory of multiple intelligences", *Educational Researcher*, 18, 1989, 4–10.

（7）Binet, A., & Simon, T., "Échelle métrique de l'intelligence", *L'Année Psychologique*, 11, 1905, 191–244.

（8）Wechsler, D., *Wechsler adult intelligence Scale Manual*, New York, 1955.

（9）Wimmer, H. & Perner, J. "Beliefs about beliefs: Representation and constraining function of wrong beliefs in young children's understanding of deception", *Cognition*, 13, 1983, 103–128.

（10）Erikson, E. H., *The life cycle completed*, New York, 1982. 村瀬孝雄・近藤邦夫訳『ライフサイクル、その完結　増補版』みすず書房、二〇〇一年。

第5章　友人関係・社会性の発達

桂　瑠以

はじめに

私たちは、社会の中で様々な人間関係に支えられて生活している。学校生活の中でも、友人、教師との関わりなどの人間関係が形成され、そうした人間関係に支えられることもあると同時に、トラブルが生じることもある。教育相談においても、友人関係の悩みや学校への不適応に関する相談が扱われることも多い。そのため、子どもがどのような友人関係を築いているのか、またどのようにして社会性が獲得されていくのかを理解することは重要と考えられる。そこで本章では、こうした観点から、友人関係・社会性の発達に焦点を当てていく。

第一節　遊びの発達

遊びの機能

子どもは、日々の生活の中で様々な遊びを体験している。**遊び**は、一人遊びから集団での遊びまで、遊びの構造や形態は多様であるが、子どもの発達においてきわめて重要な役割を果たしている。

子どもは、遊びを通して、身体能力や運動機能を発達させていく。例えば、乳幼児にとって、手足をばたばたさせる、はって歩くなどの行為は、外界を探索する「遊び」の一つであり、こうした身体を使った遊びを通して運動機能が発達していくのである。

また、遊びの意義として、創造性や社会性の発達が挙げられる。一例として、想像力を広げて自由に表現するお絵かきや粘土遊び、何かを別のものに見立てて、役割を演じる「ごっこ遊び」などの遊びは、創意工夫しながら新たなものを生み出していく創造力を向上させる。そして新たな活動に挑戦し、そこから新たな知識を獲得しながら、発達が促されていく。また、他の子どもと一緒に遊ぶ中で、自分の思い通りにならない経験や、嫌なこともときには我慢しなくてはいけない場面にも遭遇する。さらに、「次は○○をしよう」など、友達に遊びの誘いかけをしたり、遊び方を交渉するなどのコミュニケーション能力も必要になる。このような体験を通して、ルールを守ることの大切さや、他者との協調性やコミュニケーション能力、自分を調整する自律性などの社会性を学んでいくのである。

遊びの発達

パーテン（Mildred Bernice Parten）は、子どもの遊び方について、他者との相互作用の観点から、次の六つに分類している。[(1)]

① 遊びの前段階：遊びにあまり興味を示さず、まだ遊びとはいえない段階。
② 一人遊び：そばに他の子どもがいても一緒に遊ばず、一人で遊ぶ。
③ 傍観遊び：他の子どもの遊びを見ているだけで、積極的に遊びに加わろうとはしない。
④ 平行遊び：一緒の場所で遊んでいるが、一人一人別々のおもちゃで遊ぶなど、独立して遊ぶ。
⑤ 連合遊び：共通の遊びがみられ、おもちゃの貸し借りなどの交流があるが、自分の遊びに関心が高い。
⑥ 共同遊び：友達と同じ目的を共有して一緒に遊ぶ。集団遊びができるようになり、集団の中にリーダーが現れ、役割分担や上下関係などもみられる。

これらの遊び方は、発達にしたがって変化していく。二〜四、五歳頃にかけて、他の子どもとの相互交渉のない、一人遊び、傍観遊び、平行遊びはしだいに減少していき、逆に相互交渉のある連合遊びや共同遊びが増加していく。そして学校集団に入る児童期になると、他者との相互交流がさらに活発になり、集団活動の中で友人関係が形成されていく。

第二節　友人関係の発達

友人選択の規定因

友人とは「親しみを感じる他者」のことであり、互いに好意をもっていて、一緒にいて楽しく、精神的な支えや安らぎが感じられるなどの特徴がある。私たちが友人を選ぶ際には、いくつかの理由が挙げられるが、友人を選択する要因として、以下のようなものがある。

① 表面的規定要因

表面的な要因の一つに、相互的接近の要因がある。これは例えば、近所に住んでいる子どもや、クラスで席が近い子ども同士は仲良くなりやすいなどである。この理由として、頻繁に接触を繰り返し、相手を見慣れることによって、相手に対する魅力が増すためと考えられる。また、外見が魅力的などの身体的魅力の要因も挙げられる。特に知り合ったばかりの頃は、相手の内面についての情報が少ないため、外見的な手がかりに基づいて相手を評価する傾向が高く、表面的規定要因の影響が大きいと考えられる。

② 内面的規定要因

内面的な要因として、同情・愛着の要因がある。これは例えば、感じがよくて好意がもてるなどの情緒的な要因であり、相手に対して情や愛着が湧くことである。また、態度が自分と似ている相手を好ましく感じる類似性の要因や、勉強やスポーツが優れていたり、性格や価値観に共感できるなどの尊敬・共鳴の要因、集団活動を共にしたり、助け合うなどの集団的共同の要因なども挙げられる。これらの内面的規定要因は、コミュニケーションなどの交流を通じて感じられ、互いの人格や考え方にも影響を及ぼしていく。

田中熊次郎によれば、これらの規定要因の発達的変化を調べた結果、相互的接近の要因、同情・愛着の要因は、年齢の上昇に伴って減少するが、中学生頃までは強い影響力をもつことが指摘されている[2]。一方、尊敬・共鳴、集団的共同の要因は、小学校高学年以降増加していき、その後の発達段階でも影響力が大きいとされる。

友人関係・仲間関係の意義

幼児期までは、対人関係の中心は専ら親子関係であるが、児童期からは友人関係の重要性が高まり、親子関係から友人関係へと中心が移行し、対人関係が広がりを増していく。

児童期は、**ギャングエイジ**と呼ばれて、友人集団が形成される。この友人集団は、ほぼ同年齢の子どもたちからなり、四〜八人くらいの同性中心のグループであることが多い。また、放課後一緒に遊ぶなどの外面的な同一行動を通して一体感をもち、「我々意識」を形成していく。この時期は、他人や大人がグループに干渉することを嫌うため、しばしば排他的・閉鎖的な集団活動を行う危険性も含んでいるが、集団への適応、責任感、役割行動などの社会的能力を学習する重要な過程でもある。

このように、友人関係は、子どもにとって貴重な学びの場であるが、特に複数の友人からなる友人関係の中でも比較的年齢が近く、類似した者同士の関係である**仲間関係**は、発達上、重要な意義をもっている。

まず仲間集団は、時間や体験を共有することで、新たな刺激を与えられ、楽しみや喜びを与えてくれるといった意義がある。また、仲間から認められたり、褒められる経験をすることで、集団成員の一員であるという所属感や連帯感が感じられる。さらに、困ったときに相談に乗ってくれる精神的な援助や、物を貸してくれる、与えてくれるなどの物理的な援助が得られる。こうした仲間からの援助により、肯定的な自己評価を得ることができ、自己受容感や自尊感情が維持、高揚していく。また友人の意見を聞いて自分の考えを振り返る社会的比較の役割も果たしている。このように、子どもは仲間関係を通じて、社会生活に必要な社会性や社会的スキルを学んでいくのである。

学校生活の影響

学校での集団生活は、集団の一員としてよりよい人間関係を築き、社会と関わる能力を身につけていく上で、重要な役割を果たしている。

学級の望ましい人間関係として、悪意、敵意がなく、他者を受け入れ、互いの活動に関心をもち、協力的な風土のある学級は、居心地がよく、学級のまとまりである集団凝集性が高く、人間関係がよりよく維持され、学習も促進すると考えられる。一方で、集団凝集性の高さは、必ずしもプラスに働くわけではなく、ときにはいじめなどのネガティブな影響を及ぼす場合もある。特に、身近な友人関係のもつれから生じるいじめは、被害者の心理的苦痛が大きく、教師や保護者など周囲の大人からは把握しにくいため陰湿化しやすい。したがって、教師は日頃から学級の人間関係や生徒の状態・変化等を把握することに努め、生徒の実態を踏まえた学級づくりを行い、いじめの防止、低減に取り組むことが肝要である。

また、学校生活のメリットとして、教師などの大人による指導だけでなく、仲間による教え合いの機会が得られることが挙げられる。仲間同士の教え合いは、教える者と教えられる者とのコミュニケーションを増加させ、双方の気持ちの結びつきを強めてくれる。また互いの立場が近いことから、「どこが分からないのか」「どう説明したら分かりやすいか」などの相手の気持ちが理解しやすい。さらに教えることによって、知識が定着し、学習の理解が深まると同時に、人の役に立つ喜びを感じられる一方、教えられることによって、相手に対する好意が高まり、感謝や尊敬の気持ちを感じられる。このように、仲間による教え合いは、教師主導の指導では得られない効果が期待できるものであり、主体的に学習を進めていく上でも不可欠なものである。

第三節　社会性の発達

道徳性の発達

学校教育においては、**社会性**の中でも、善悪の判断基準をもつことや望ましい生活習慣を身につけることが重要であり、こうした心理的特性は**道徳性**と呼ばれる。道徳性は社会や文化を超えた普遍性をもつものだが、そもそも善悪は人が判断するものであり、その判断基準は、時代や社会によって異なる。一例として、かつて、同性愛は非道徳的行為とされた時代があったが、現在、多くの国ではそうではないことが挙げられる。

それでは、どうすれば普遍的な道徳性が測定できるのだろうか。この点について検討し、道徳性の発達を明らかにしたのが**コールバーグ**（Lawrence Kohlberg, 一九二七〜八七）である。(3) コールバーグは「**ハインツのジレンマ**」課題を用い、道徳性の知識自体ではなく、理由づけに注目して、道徳性を測定した（表1）。その結果、道徳性は時代や国を越えて、次の三水準、六段階で発達していくことが見出された。

最初の水準は、前慣習的水準とされ、これは善悪の判断基準が未成熟で、慣習が身につく前の状態であり、次の二つの段階を含む。

① 懲罰志向：自己中心的な視点からしか判断できず、他者の視点に立つことができない。善悪を人から罰せられるかどうかで判断する。

② 快楽（自己本位）志向：他者の視点が自分の視点と異なることを理解するようになる。自分自身あるいは他者

「ハインツのジレンマ」

ハインツの奥さんが病気で死にそうです。医者は，「ある薬を飲むほかに助かる道はない」と言いました。その薬は，最近，ある研究所で発見されたもので，製造するのに5万円かかり，それを50万円で売っています。ハインツは，手元にお金がないので，お金を借りてまわりました。しかし，半分の25万円しか集まりませんでした。ハインツは，研究所の所長さんに訳を話し，薬を安くしてくれないか，後払いにしてくれないかと頼みました。しかし，頼みは，きいてくれませんでした。ハインツは，困り果て，ある夜，研究所に押入り薬を盗みました。

質　問

ハインツは，盗むべきでしたか？／なぜですか？／もし，ハインツが奥さんを愛していなかったらどうですか？／もし，死にそうなのが，人ではなくてあなたのペットの場合はどうですか？／法律は，いつも守らなければなりませんか？／その理由は？／等

反応の例（ただし，盗んではいけないとした場合のみをあげる）

第1段階「薬を盗むのは，泥棒をすることで悪いことだ」

第2段階「ハインツは，自分の価値観に従うべきだ」

第3段階「世間の人々は，そのようなことを望んでいないと思う」

第4段階「社会が成り立っていくためには，法律は守らなければならない。もし，簡単に法を破ることを認めてしまえば，社会はばらばらになる」

第5段階「法律を破ってもよいのは，人間としての基本的な人権がおかされるときである。この場合，そのようには考えられない」

表1　コールバーグの「ハインツのジレンマ」課題

内田伸子編著『心理学』光生館，2005年，94頁より改変

の欲求や利益を満たすものが善いと判断する。

二つ目の水準は、慣習的水準とされ、他者や社会を考慮した善悪の判断ができるようになり、慣習が身につき始める水準であり、次の二つの段階を含む。

③よい子志向：第三者の視点を取り入れ、他者の視点から自分自身をみられるようになる。他者に喜ばれたり、認められることが善いと判断する。

④法と秩序志向：社会や組織などの、より広い視点から考えられるようになる。ルールに従うことが善いと判断する。

三つ目の水準は、脱慣習的水準とされ、既成の慣習的道徳を脱し、道徳的価値と道徳原理を自ら定義しよ

うとする水準であり、次の二つの段階を含む。

⑤　権利と公益志向：自分の所属する社会組織を超えた、普遍的な権利と公益の視点から考えられるようになる。ルールは変更可能なものとして善悪を判断する。

⑥　普遍的原理志向：普遍的な価値（生命、公正性等）に基づいて、善悪を判断するようになる。

年齢による各段階の比率をみると、児童期前半までは、懲罰志向や快楽志向が多くみられ、児童期後半から青年期にかけてよい子志向、法と秩序志向が増加する。さらに脱慣習的水準も青年期以降でみられるようになる。このように道徳性は、全体的に加齢とともにより上位の段階へと発達していくのである。

学校教育においても、道徳性や道徳的実践力を育成することをねらいとする**道徳教育**が重視されている。道徳は、児童・生徒の豊かな心を育み、人間としての生き方の自覚を促す教育活動であり、道徳や総合学習、特別活動の時間などで子どもたちが主体的、協調的に学べるような指導方法が工夫されている。また、道徳性はこれらの時間のみで深められるものではなく、他の教科の学習においても、学級集団における人間関係を調整・改善する力や、集団で協力しあう楽しさ、所属感や連帯感の獲得を通じて、道徳性が育成されていく。したがって、道徳性は、道徳の時間、総合学習の時間、各教科などの関連の上で育まれていくものであり、学校生活全体にわたり調和的に深められていくことが望まれる。

向社会性の発達

アイゼンバーグ（Nancy Eisenberg）は、道徳性の中でもプラスの側面に着目し、**向社会性**という概念を提唱している。(4)

向社会性とは、「他者や他の人々の集団を助けようとしたり、人々のためになることをしようとする自発的な行為のこと」であり、他者への思いやりや愛他性などと関連が深い。

アイゼンバーグは、自分の要求と他者の要求が葛藤するような物語を子どもに聞かせ、その反応によって向社会的判断が次の六段階で発達することを明らかにした。

①快楽主義志向：自分に利益があるかなど、道徳的な配慮よりも自分の要求に基づいて判断する。
②他者の要求志向：他者の要求に関心を示すが、表面的であり、他者の内面には目が向けられない。
③承認と対人的志向、紋切り型志向：他者からの承認や受容を考慮するものの、よい人、よい行動などの紋切り型のイメージにより判断する。
④共感的志向：行為に対する自己反省がみられ、他者への共感や配慮に基づいて判断する。
⑤内面化への移行段階：より広い社会や他者の権利、尊厳、規範などを考慮して判断する。
⑥強く内面化された段階：価値や規範、責任性、義務などが強く内面化され、自分の行為が社会や他者にどのような影響を及ぼすかについて考慮して判断する。

快楽主義志向、他者の要求志向は幼児期から児童期前期に多くみられ、その後、児童期後期から青年期にかけて、承認と対人的志向、共感的志向が増加する。さらに青年期以降には、内面化への移行段階、強く内面化された段階が出現するようになる。

一般的に、向社会的な子どもは、社交性、協調性、自己主張能力、役割取得能力などが高く、活動的であるとされる。また、向社会的な子どもの両親の傾向として、抑圧的でなく誘導的なしつけを行う、日常場面で他者の視点や共感性を重視した言葉かけを多く行う、向社会的行動のモデルを示すなどの特徴が挙げられている。このことから、学校教育の中でも、日頃から教師が向社会的行動のモデルを示すことや、他者の気持ちの理解や、思いやりの気持ちを学習する機会を増やし、向社会的態度を育成していくことが重要と考えられる。

社会的スキルの発達

対人関係を円滑に営むためには、自分と他者の意見を調整したり、対立や葛藤場面をうまく解決する能力が必要とされる。こうした能力は**社会的スキル**と呼ばれる。社会的スキルには、他者の話をきちんと聴くなどの傾聴スキル、相手の主張を受け入れながら、自己主張を行うなどの自己主張スキル、相手を説得したり、依頼するなどの対人葛藤処理スキルなど、内容や難しさも多様なものが含まれる。社会的スキルは、おおむね学童期から青年期にかけて発達していき、加齢に従ってより高度なスキルが獲得されていく。

また社会的スキルは、先天的に獲得されているものではなく、多くの人たちとの関わりの中で体験的に学習されていくものである。そのため、社会的スキルを訓練によって習得する**ソーシャルスキルトレーニング（Social Skills Training, SST）**も様々なプログラムが提案されている。この訓練は、状況に応じた適応行動や適切な対人行動の技能を身につけるもので、一例として、適切なスキルが生じた際に強化を与える強化法や、社会的スキルの優れた者をモデルとして提示して学習させるモデリング法などの手法が挙げられる。学校教育でも、道徳や総合学習の時間などでこうした取り組みが導入されており、良好な対人関係を築き、学校生活に適応していく能力が実践的に学ばれている。

おわりに

本章では、遊びや友人関係、社会性の発達などについてふれてきた。遊びや友人関係は、他者との相互交流を通して発達していく。遊びの発達では、加齢にしたがって、より他者と協調した遊び方がなされるようになり、友人関係は、しだいに内面的な結びつきを重視するようになり、他者との親密性が高まっていく。こうした発達にあわせて、道徳性、向社会性、社会的スキルなどの社会性も獲得されていく。とりわけ学校における集団活動は、社会性の発達を促す重要な役割を果たしている。そのため、学校教育において、各教科や課外活動での連携を図りながら、発達段階に即して社会性を深め、身につけられるよう、実践的・主体的な学習の機会を提供していくことが肝要であろう。

（1）Parten, M. B., "Social play among preschool children", *Journal of Abnormal & Social Psychology*, Vol. 28, 1933, pp. 136–147.
（2）田中熊次郎『実験集団心理学』明治図書、一九六四年。
（3）Kohlberg, L., "The cognitive-developmental approach to socialization", In D. A. Goslin（Ed.）, *Handbook of socialization theory and research*, Chicago, 1969.
（4）Eisenberg, N., *The caring child*, Cambridge, 1992. 二宮克美・首藤敏元・宗方比佐子訳『思いやりのある子どもたち　向社会的行動の発達心理』北大路出版、一九九五年。

参考文献

山岸明子「道徳的判断とその発達」木下冨雄・棚瀬孝雄編『法の行動科学』福村出版、一九九一年。

加藤雅春・萩原法男・米谷剛・竹田敏彦『豊かな人間性をはぐくむ教育の創造に関する研究　よりよい生き方を考え、進んで実践するために』広島県立教育センター、二〇〇一年。

第6章　発達障害の理解と支援

桂　瑠以

はじめに

学校教育法の改正に伴い、発達障害を巡る学校教育の状況は大きく変化しており、発達障害の理解と支援の拡充がますます強く求められるようになっている。教育現場でも支援体制を構築していくことが急務となってきているが、同時に、従来の集団指導にあわせて個別支援を行う難しさ、関連機関との連携の必要性などの課題も多い。本章では、発達障害にはどのようなものがあるのか、発達障害を抱えている子どもをどのように支援したらよいのかなどについて考えていきたい。

第一節　特別支援教育の概要

二〇〇七（平成一九）年四月から「**特別支援教育**」が学校教育法に位置づけられ、全ての学校において、障害のある児童生徒の支援をさらに充実していくこととなった（図1）。文部科学省が定義する「特別支援教育の理念」では、次のように示されている。(1)

特別支援教育は、障害のある幼児児童生徒の自立や社会参加に向けた主体的な取組を支援するという視点に立ち、幼児児童生徒一人一人の教育的ニーズを把握し、その持てる力を高め、生活や学習上の困難を改善又は克服するため、適切な指導及び必要な支援を行うものである。

また、特別支援教育は、これまでの特殊教育の対象の障害だけでなく、知的な遅れのない発達障害も含めて、特別な支援を必要とする幼児児童生徒が在籍する全ての学校において実施されるものである。

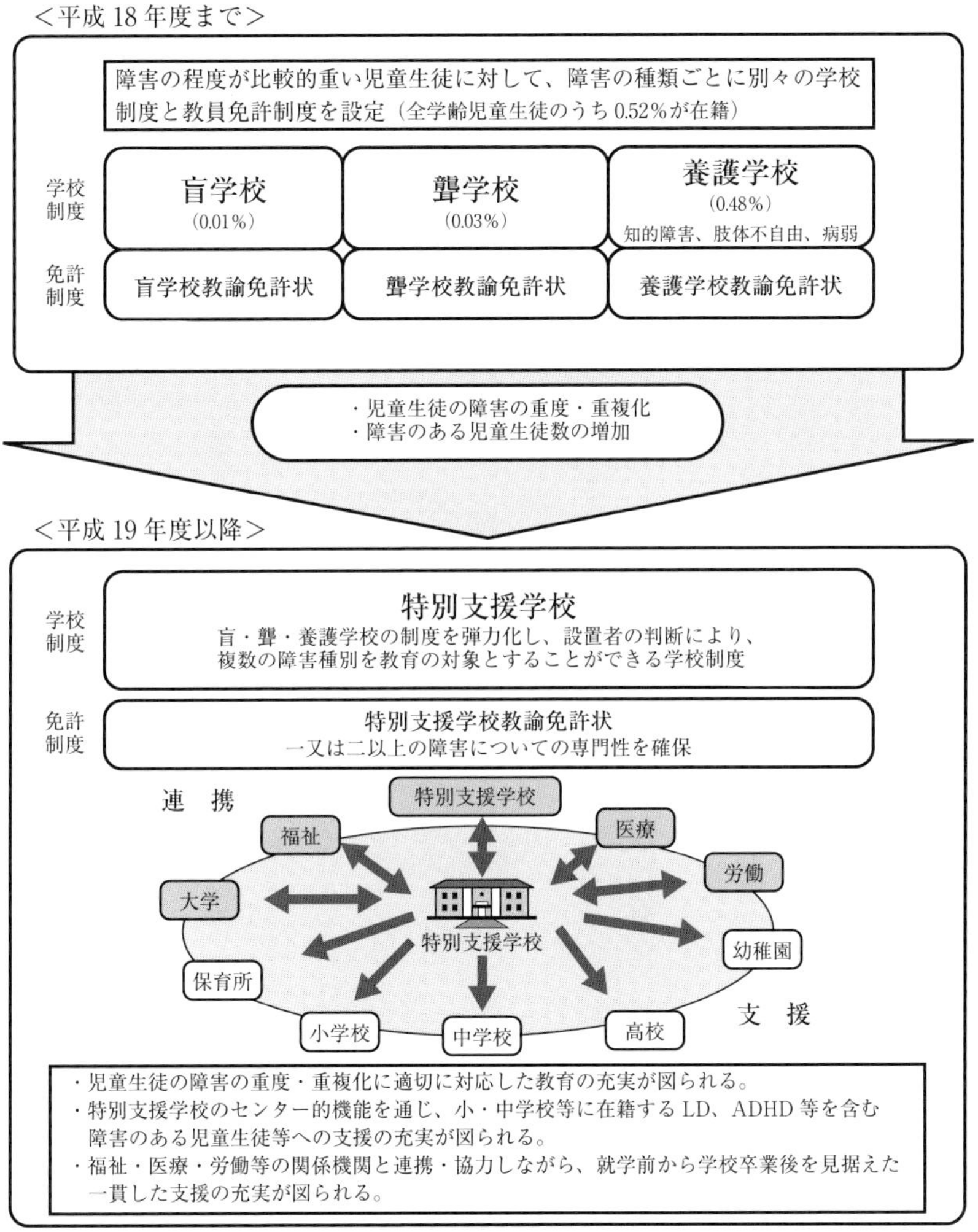

図1　特別支援教育の概念図（文部科学省，2006年）

さらに、特別支援教育は、障害のある幼児児童生徒への教育にとどまらず、障害の有無やその他の個々の違いを認識しつつ様々な人々が生き生きと活躍できる共生社会の形成の基礎となるものであり、我が国の現在及び将来の社会にとって重要な意味を持っている。

全ての学校種においてこれらを実現するためには課題も多く、今後も計画的・段階的な取り組みが必要と考えられる。中央教育審議会の答申（「特別支援教育を推進するための制度の在り方について」二〇〇五〈平成一七〉年一二月八日）では、特別支援教育を充実させるための今後の課題として次のことを挙げている。

一つに、教師の特別支援教育に関する基礎知識を向上させること。とりわけ発達障害の可能性のある児童生徒の多くが通常の学級に在籍していることから、全ての教師が発達障害を理解し、支援・指導の方法を工夫していくことが必要であるとしている。そのために、教師養成段階や研修会等で知識・技能の向上を図り、学校全体としての専門性を高めていくことが求められているのである。

また、学校内の支援体制を構築していくことも課題としている。そのため、校長等の管理職を中心として、教育現場での意識改革、指導方法の充実、人的・物的な環境整備、教師の指導力や学校経営・学級経営といったマネジメント能力の向上などを進めていくことも必要であるとしている。

さらに、医療、保健、福祉、労働等の関係機関等との適切な連携を行っていくことも重視している。そのために、各校に配置されている特別支援教育コーディネーターを要として、学内や地域の関係者、関係機関と効果的に連携し、幼・小・中・高等学校等の継続した支援や各学校における専門性を確保していくことが必要であるとしている。

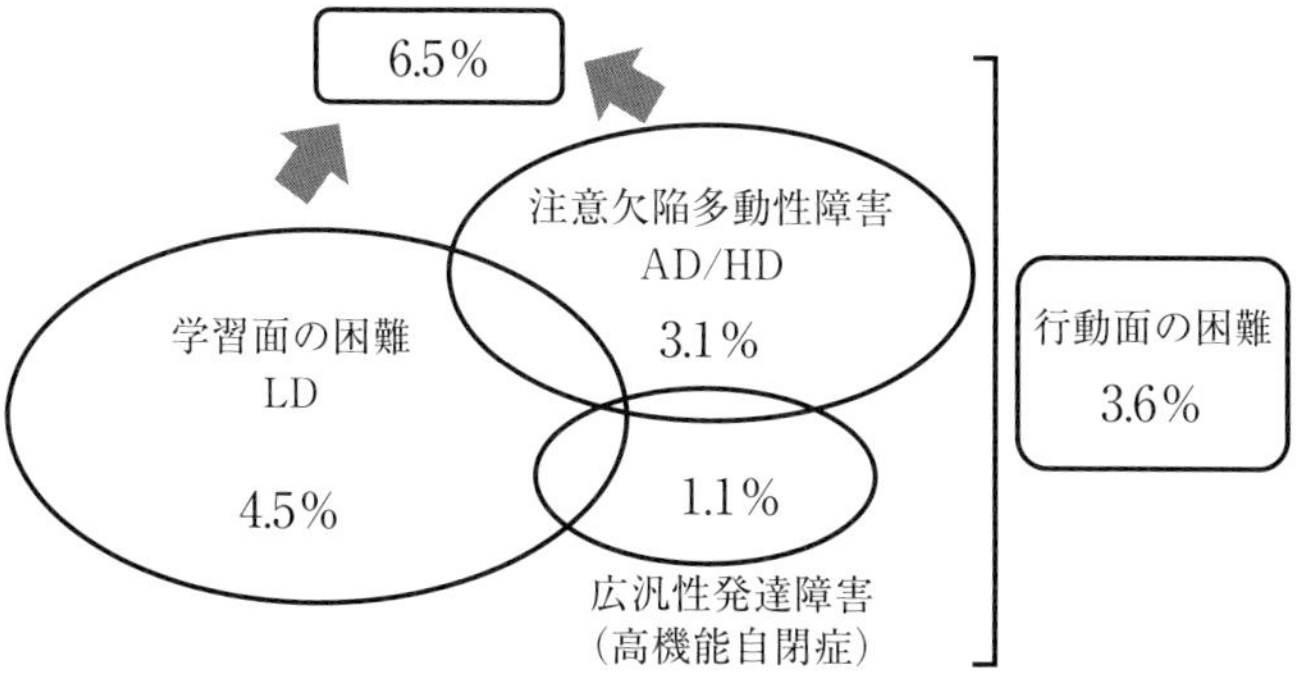

図２　通常の学級に在籍する発達障害の可能性のある特別な教育的支援を必要とする児童生徒の割合（文部科学省，2012 年データより改変）

第二節　発達障害の種類・特性

発達障害者支援法（平成十六年十二月十日法律第百六十七号）によれば、発達障害とは「自閉症、アスペルガー症候群その他の広汎性発達障害、学習障害、注意欠陥多動性障害その他これに類する脳機能の障害であってその症状が通常低年齢において発現するものとして政令で定めるもの」（第二条）と定義されている。発達障害の原因として、中枢神経系の機能障害が推測され、特に前頭前野の機能に注目されているが、いまだ実証されていない点も多い。またＬＤ、ＡＤＨＤ、広汎性発達障害などの発達障害は男児のほうが女児よりも多くみられることから、生物学的な要因も指摘されている。

文部科学省初等中等教育局特別支援教育課は、発達障害の可能性がある児童生徒の割合を調査しており、二〇一二（平成二四）年に実施した「通常の学級に在籍する発達障害の可能性のある特別な教育的支援を必要とする児童生徒に関する調査」の結果では、約六・五パーセント程度の割合で通常の学級に在籍している可能性が示されている[2]（図２）。ただし、これは担任教師の回答に基づくものであり、専門家や医師による診断ではないことに注意する必要がある。また発達障害には様々な種類がみられるが、その診断は時に重なり合う場合もある。

発達障害の支援・指導を行うには、それぞれの障害の定義、特性、割合などを理解し、それぞれに対応した指導を行うことが重要である。そこで次に、主な発達障害とされるＬＤ、ＡＤＨＤ、広汎性発達障害について説明する。

ＬＤ（学習障害）

ＬＤ（学習障害）とは、「Learning Disabilities」の略で、全般的な知的発達に遅れはないが（ＩＱでは、七〇～七五以上）、聞く、話す、計算するなどの特定の能力の習得と使用に困難を示すものである。一例として学校場面においては、聞き間違いや聞き漏らしが多い、文字を上手に書けない、筆算の桁がずれることが多いなどがみられ、その特徴は一人一人によって異なりが大きい。ＬＤの原因として、感覚器官から入る情報を受け止め、整理し、関係づけ、表出する過程である情報処理過程のいずれかに十分機能しないところがあるのではないかと考えられている。例えば、音や言葉を聞いて理解する聴覚認知と、視覚的情報を目で見て理解する視覚認知に偏りがみられる場合、耳から聞いて理解することは困難だが、目で見て理解することはスムーズにできるケースなどが挙げられる。ＬＤ児の割合は、学齢期で三～五パーセント程度とされ、男児のほうが女児より多い。

ＬＤは知能に障害がみられず、特定の能力以外は正常であるため、特定の分野においてできないことを「本人の努力不足」や「個性」と捉えられてしまう場合が多く、対応が遅くなることが多い。また周囲の誤った理解や不適切な対応から、学力の低下、いじめ、不登校などの二次的な問題が生じることもある。こうした二次障害を避け、その後の適切な対応や指導を行うためにも、早期発見が重要と考えられる。そのため、ＬＤの気づきや疑いがある場合は、保護者、担任教師、専門家での相談を重ねて、専門的なアセスメントへと進めていくことが必要である。

ＡＤＨＤ（注意欠陥多動性障害）

ＡＤＨＤは、「Attention-Deficit Hyperactivity Disorder」の略で、一九九四年にアメリカ精神医学会による「診断と統計マニュアル（Diagnostic and Statistical Manual of Mental Disorders）」第Ⅳ版（ＤＳＭ-Ⅳ）で公表され、確立した比較的新しい診断名である。しかし、この疾患名、診断基準については、これまでも度々変わっており、いまだ議論が続いているところである。

ＡＤＨＤの特徴として、注意力・多動性・衝動性をコントロールすることが難しいことが挙げられる。またこだわりが強く、パニックやヒステリー等が生じることもある。学校場面では、不注意な間違いが多い、忘れ物や無くし物が多い、授業中の離席が多い、順番を待てないなどの問題行動がみられる。

ＡＤＨＤの診断は、保護者からのヒアリング、医師による行動観察、心理発達検査、行動評価テストなど、様々な面を考慮して行われる。ＤＳＭ-Ⅳの診断基準では、「課題または遊びの活動で注意を持続することがしばしば困難である」などの不注意症状、「しばしば手足をそわそわと動かし、またはいすの上でもじもじする」などの多動・衝動性症状が挙げられている。ただし、一般的に、五歳頃までは診断が困難なことが多く、児童期では多動性が現れやすい傾向が認められる。学齢期での割合は三〜七パーセント程度とされ、男児のほうが女児より多いとされているが、これは児童期には男児の多動性や衝動性がみられやすいためと考えられる。その後、思春期から青年期以降は、多動性は減少するものの、衝動性、不注意、自己肯定感の低下などの問題が現れやすい。また、ＡＤＨＤは他の発達障害と合併する場合も多い。一例として、小学校低学年頃にＡＤＨＤと診断されたが、高学年になると多動が収まるものの、思春期以降は、コミュニケーションの問題が顕著になり、広汎性発達障害と診断される場合などがある。このように、発達障害は連続するものや合併するものもみられ、時にいろいろな診断が下され、親や教師が混乱する場合もある。発達障害の診断基準において、複数の診断を満たす場合は、将来的に問題が大きいと考えられる診断を優先させて優先順位がつけられる場合もあるが、いまだ基準の妥当性の問題も残されている。

広汎性発達障害（自閉症スペクトラム）

広汎性発達障害は、自閉症、高機能自閉症、アスペルガー症候群を含むものとされている。**自閉症**の基本的特徴として、相手の気持ちや周囲の状況を読み取ることが苦手であるため、対人関係の困難、集団への不適応、協調行動の苦手等を示すことが挙げられる。また興味・活動が限定的であり、こだわりが強く、同じ所を行ったり来たりするというような反復的な行動パターンを示しやすい。自閉症は、知的な発達の遅れ（ＩＱ七〇以下）を伴っており、こうした特徴が三歳までに生じたものとされている。一方、発達の遅れや偏りはありつつも、全体としては知的な発達の遅れがない（ＩＱ七〇以上）場合は、**高機能自閉症**と呼ばれる。他方、**アスペルガー症候群**は、自閉症の特徴の中で言語・認知発達に遅れがなく、対人関係以外はある程度適応できるものとされている。

これらの相違はあるが、広汎性発達障害に共通してみられる特徴として、社会性や対人関係における問題、言語やコミュニケーションにおける問題、情報を正確に理解できないなどの情報処理における問題、自分の体をうまくコントロールできないなどの感覚運動統合における問題などが挙げられる。学校場面でみられる問題行動の一例として、周りの人が困惑するようなことを配慮しないで言ってしまう、集団活動がうまくできない、自分の手順や考えに固執し、変更や変化を極度に嫌がるなどが挙げられる。広汎性発達障害の割合は、学齢期でおよそ一パーセント以下とされており、男児のほうが女児より多い。

広汎性発達障害の診断基準としては、ウィング（Lorna Wing）の「三つ組み」が広く用いられている。これは、ウィングが提唱したものであり、広汎性発達障害の特徴として①社会性（対人的相互反応）、②コミュニケーション、③想像力の障害が指摘されており、これらを組み合わせて診断を行っていく。

第三節　発達障害への支援・指導

前節でみてきたように、発達障害の種類や様子は様々であり、状態は一人一人異なっている。そのため、効果的な支援・指導方法も子どもの特性に応じて異なり、定式化することは難しい。そこでここでは支援全般において留意すべき点や、指導の取り組み例などを取り上げていく。

支援を行う上でまず前提となるのは、学習面や行動面で様々な困難を抱えている子どもが、どんなことに、どのように困っているのかを理解することである。こうした周囲の理解や配慮によって、子どもが自分の力を発揮しやすい環境が整えられ、困難さやその心理的負担を軽減させることが可能になる。したがって、教師はまず、子どもの抱える問題や不満を受容し、子ども一人一人のニーズを丁寧に聞き取っていくことが大切である。その上で、支援を行うために、学内外で連携をとること、学校生活を円滑に過ごせるように指導の工夫を行うことなどが挙げられる。

学内外との連携

第一に、学内での連携を図り、学内の支援体制を構築することが挙げられる。担任一人がもっている情報やリソースだけでは、支援を行うには限界がある。担任や担任以外の教師、養護教諭、スクールカウンセラーなど、様々な立場の人々の共通理解と協力によって、より効果的な対応が可能となる。そのためには、全教師が発達障害に関する理解を深め、担任や一部の担当教師に任せるのではなく、学校全体で支援する体制を作ることが必要である。

学内の支援体制を整えるために、**特別支援教育コーディネーター**を中心として学内の他の教師、学校外の関係機関、保護者との連携をとっていくことも有効である。また、校内委員会を設置して情報収集を行い、状況を多面的に把握し、具体的な指導体制や指導方法を検討することも挙げられる。その他、定期的に学内研修会を開催して、子どもの様子や障害の特性、指導方針や取り組みなどについて学び合い、共通理解を図っていくことも重要と考えられる。

第二に、保護者との連携が挙げられる。発達障害を抱えている子どもの保護者は、保護者自身、子育てに悩み、自信を失っていたり、支援を必要としている場合も多い。そのため、まず保護者の心情や悩みを受け止め、保護者との信頼関係を築き、連携を深めていくことが必要である。例えば、家庭での子どもの様子、家庭で行っている具体的な対応、保護者の思いや学校への要望など、保護者との話し合いを継続的に行っていくことで、徐々に信頼関係ができていく。そして保護者との連携をもとに、それぞれの立場でどのようなことができるのか具体的な対応策を考えながら、対応していくことが求められる。

また、周囲の子どもの保護者の理解と協力を得ることも重要である。例えば、学級の保護者会などで、保護者同士が話し合う機会を設けて、双方の思いや要望などを開示して、関係がスムーズになるように支援するなどが挙げられる。このように、教師は保護者の間の橋渡しになるように働きかけ、周囲の理解と協力を得られるように努める必要がある。

第三に、外部機関との連携が挙げられる。発達段階を踏まえた一貫性のある指導計画を立てるためには、保育園、幼稚園、小・中・高等学校、その後の進学や就労支援まで、学校種間での情報交換や引き継ぎを行い、学校間で連携をとっていくことが必要である。また、発達障害を抱えている子どもの中には、小児科、精神科、心療内科などの専門医との連携が必要な場合もある。医療機関の受診により、早期に適切な診断や投薬管理がなされれば、二次障害などを予防・低減することも可能になる。さらに、児童相談所、市町村の教育委員会、地域の支援団体などの専門機関とも必要に応じて連携をとり、協力を仰いで指導を行うことが望まれる。

指導における工夫

通常の学級における指導では、子どもの様子をよく観察し、本人の特性や、本人がどんなことに困っているかをよく聴いて、それにあわせた指導を行っていくことが重要である。指導上で配慮することの一例として、①具体的に短く指示をする、②メモ書きやワークシート等の視覚的な補助手段を活用する、③活動の流れを明確にして、活動の見通しを立てる、④誤った行動をした場合は叱るのではなく、具体的にどうすべきかを指示して、できたら褒めるというように言葉かけの仕方を工夫することなどが挙げられる。また、座席、備品等の位置、掲示物の配置などを工夫して、刺激を調整するなど教室環境を整備して、過ごしやすい環境作りをすることも有効と考えられる。

また、指導方法の工夫として、チーム・ティーチングや少人数指導が用いられることも多い。**チーム・ティーチング**（**TT**）は、複数の教師が役割を分担し、協力し合いながら指導計画を立て、指導していく方法である。チーム・ティーチングの利点に、多くの教師の視点から児童生徒の実態が把握できる点や、一人一人の児童生徒の実態に応じた指導ができる点などが挙げられる。**少人数指導**は、個別指導とも呼ばれ、教師と生徒が一対一あるいは少人数グループで学習を行う方法である。利点として、学習者に応じた教材や速度で学習できるため、特に苦手な分野の学習や、集団授業での学習で困難を抱える子どもに有効と考えられる。その一方で、どちらの指導方法も、特定の生徒に対する指導になってしまう不公平さ、教材作りや時間・場の確保の難しさなど教師の負担が増すといった問題もあるため、課題を選定し、学内での連携のもとで効果的に活用する必要がある。

その他の取り組み

その他の学校での取り組みとして、**カウンセリング**の有効性が挙げられる。発達障害を抱えている子どもは、日頃、周囲の人から叱られる経験が多く、「本人の努力不足」などと否定的に評価されてしまう場合もある。そのような経験が重なると、「自分はだめだ」と傷つき、自己肯定感や自尊感情が低下しやすい。また学級内でも孤立しがちであり、対人関係上で問題を抱える場合も多い。そこで学内の教育相談や生徒指導担当の教師、特別支援学級の担任、スクールカウンセラー、養護教諭等の支援のもとでカウンセリングを行うことで、そのような悩みや気持ちを理解され、他者に認められる経験をすることが重要と考えられる。それにより自己イメージを修正し、自信や自己受容感が得られるように支援していくことが求められる。

また、**ソーシャルスキルトレーニング**（**SST**）（第5章参照）を通じて、状況に応じた適応行動や適切な対人行動の技能を身に付けることも役立つと考えられる。例えば、授業内での指導として、道徳や総合的な学習の時間などを活用し、グループ活動やロールプレイなどを行い、集団のルールを学ぶ、自分の気持ちを相手に伝える、というような**社会的スキル**の練習をする取り組みもみられる。その他、学外でも医療専門機関や児童相談所などで専門家による社会的スキルの指導が行われている。また社会的スキルは、日常や学校場面で、学んだスキルを応用して用いる一般化が重要である。そのため、学校、家庭などの様々な場面に応用できるように、日常生活との連続性をもって学ばせていくことが望ましいと考えられる。

おわりに

本章では、特別支援教育の概要を示し、そこでふれられている発達障害について、その特性や支援・指導の方法などについてみてきた。発達障害の特性を理解することは、適切な指導を行うにあたって必須である。そのため、教師が発達障害への理解を深め、学内の支援体制を構築していくことが必要である。そして学内の連携を基盤に、保護者や外部専門機関との連携を強め、一貫性のある指導方針や取り組みにつなげていくことが望まれる。

特別支援教育は、生徒一人一人の教育的ニーズに応じた、適切な支援が図られることを目指したものであり、現在も、これに基づく指導計画の作成・改定、指導法の実践事例などが多数報告されている。これらの成果を蓄積させ、今後もこの実現に向けて、教育的支援の充実を図っていくことが必要であろう。

（1）文部科学省初等中等教育局「特別支援教育の推進について（通知）」文部科学省、二〇〇〇年。

（2）文部科学省初等中等教育局特別支援教育課「通常の学級に在籍する発達障害の可能性のある特別な教育的支援を必要とする児童生徒に関する調査結果について」文部科学省、二〇一二年。

参考文献

神奈川県立総合教育センター『LD、AD／HD、高機能自閉症の理解と支援のためのティーチャーズ・ガイド　改訂版』神奈川県立総合教育センター、二〇〇六年。

第7章　カウンセリングの基本

桂　瑠以

はじめに

今日、学校の中では、いじめ、不登校、非行、自殺などの複雑かつ深刻な問題行動が生じており、教師は集団への対応と同時に、個別対応も求められている。このような多様な問題行動を理解し、適切な対応をしていく上で、カウンセリングの理論や試みは、役立つ部分が多くあると考えられる。そこで本章では、カウンセリングの基本的態度として普及したロジャーズの来談者中心療法などについてみていく。

第一節　カウンセリングとは

カウンセリングの前提

カウンセリングと聞くと、まずどのようなことを想像するだろうか。このような質問をすると、「悩み事を相談する場」「カウンセラーが相談に乗ってくれる」などの答えが返ってくることが多い。しかし、その中でも実際にカウンセリングを利用した経験がある人はごく一部であり、とりわけ日本では、カウンセリングが広く利用されているとはいえない。また利用した経験があっても、多くの場合は、カウンセリングの中の一部を用いた治療を受けるため、利用者の視点からみると、カウンセリングの全体像はなかなか捉えづらい。そこではじめに、カウンセリングとは何かということからみていきたい。

カウンセリングとは、不適切な考え方、感じ方、行動の仕方など、一般的に「心の問題」といわれるものなどを、問題を抱えた人（**クライエント**）が自分の力で改善していけるように援助する試みとされている。そう考えると、カウンセリングは日常行われる相談事とは少し趣きが異なるといえるだろう。例えば、日頃、私たちが悩み事を友だちや家族に相談するとき、相談された相手は、いろいろなアドバイスをくれるだろうし、なんとか問題を解決しようとしてくれるだろう。しかし、カウンセリングはそうではなく、悩みを抱えた本人が自分で自分の問題に気づき、解決方法を考え、行動していくものであり、援助者（**カウンセラー**）はその手助けをするにすぎない。問題解決の主体は、あくまでクライエント自身であるといえる。そしてカウンセラーの役割は、クライエントを「治す」ことではなく、「治る」ための援助をすることである。むしろカウンセラーが問題を解決しようと思うことはおごりであり、焦って解決しようとすればするほど、結果的にうまくいかなくなる場合が多い。したがって、カウンセラーには、クライエントとじっくり向き合い、クライエントが抱える問題を共に受け止めていく姿勢が求められる。

カウンセラーのもつべき人間観

このようなカウンセリングの性質上、カウンセリングには前提となる基本的な人間観がある。それは、米国の臨床心理学者**ロジャーズ**（Carl Ransom Rogers, 一九〇二～八七）によって提唱された「どんな人でも、必ずその人本来のよりよい状態を目指す力をもっている」という考え方である。(1) ロジャーズについては次節で詳しく述べるが、これは、カウンセリングにより適切な条件が整えられ、自身の潜在力がうまく働くように援助できれば、その人は自分の潜在的な力によって成長していくということである。もちろん、言葉で言うほど簡単なことではなく、変容の過程も様々であるが、カウンセリングが進行していく中で、カウンセラー自身の人間性や価値観がおのずと問われてくる。したがって、援助者側は、このような人間観を根底にもちつつも理想主義にならずにクライエントに接していくことが必要とされる。

カウンセラーの基本的態度

ロジャーズのカウンセリングの考え方に基づいて、カウンセリングの三つの基本的態度が導き出された。これらはカウンセリングの三条件とも呼ばれ、どのような心理療法や技法を用いるかにかかわらず、カウンセラーのもつべき基本的態度と考えられている。

① **共感的理解**

共感的理解とは、カウンセラーがクライエントの心的世界を共感をもって理解することをいう。すなわち、外からクライエントを眺め、客観的に理解するのではなく、カウンセラーもクライエントの内なる世界を主観的に（共感的に）感じながら理解していくことである。これは「同情」や「感情移入」ではなく、クライエントの主観を尊重しながらも、カウンセラーとしての意識は保ち続けるということであり、いわば「温かい共感」と「冷静な理解」を伴った視点が必要となるということである。

② **温かさ**

温かさとは、カウンセラーがクライエントと向き合うときに、温かい態度で、クライエントに肯定的な関心を向けて接することである。またロジャーズは、**受容**、**無条件の尊重**などの言葉を用いて、クライエントに対する態度を説明している。

例えば私たちは、「もっと~してくれたらいいのに」「~してくれたら好きになれるのに」など、相手に何かを求めることが多いが、これは条件つきの受容といえる。受容とは、相手をそのまま受け入れることであり、カウンセリングにおいては、カウンセラーが無条件にクライエントの気持ちや行動を受け入れることをさす。またこうした無条件の受容は、相手を尊重することにも通じていく。

③ **純粋さ**

純粋さとは、カウンセラーがクライエントや自分自身に対して嘘偽《うそ》りなく、純粋な気持ちでいることであり、ありのままの姿で、クライエントに接することをいう。また、カウンセラーが心に感じていることと表現している態度との間にずれ（不一致）がない状態という意味でもあり、**自己一致**ともいわれる。

ロジャーズは、こうした態度に基づいて面接を続けていくことで、カウンセリングが発展していくと述べている。すなわち、カウンセラーが共感を示すことで、クライエントはカウンセラーが自分のことを思ってくれていると感じ、カウンセラーに対し信頼感をもつようになる。またカウンセラーが温かい態度で接していくと、クライエントもしだいに自分自身を受容できるようになり、カウンセラーが純粋な態度で接すれば、クライエントも純粋であろうと努め、自己を見つめ直すことができるようになる。このようにカウンセラーはクライエントを映す鏡のような役割をしており、クライエントの自己成長を促していくのである。

またカウンセリングの発展において最も重要なことは、クライエントとカウンセラーとの間に信頼関係が形成されることであり、これを**ラポール**（rapport）という。ラポールはどのような心理療法であれ、カウンセリングを行っていく上で必要なものであるが、効率的に素早く形成できるものではなく、先の三つの条件を満たしながら、相互の心の交流を大切にしていくことで徐々に形成されていく。

今日、教育現場でも「共感的理解」「受容」の態度で生徒に接していくことが重視されている。とはいえ、教育指導の立場上、教師は共感的な態度ばかりで生徒と接していられるわけではないし、教育とカウンセリングの相違点も大きい。教師はカウンセラーとは異なる役割や立場を担っていることを理解しつつ、学校教育の一環としてカウンセリング理論から取り入れられる知見を活用していくことが求められる。

カウンセリングの流れ

ここまで述べてきたように、カウンセリングは決して特効薬のような効果があるものではなく、カウンセリングに行けばすぐに問題が解決されたり、カウンセラーが解決法を教えてくれるわけではない。むしろカウンセリングの効果は、その過程でクライエントがどのように自分に向き合っていくかによるところが大きい。とはいえ、カウンセリングにも効果の現れ方は想定されており、典型的なカウンセリングの流れとして、次のような三段階が挙げられる。

①　問題を表面化し、整理する

カウンセリングは、まずクライエントが来訪するところから始まるが、初めのうちはあまり話が進まず、カウンセラーと積極的に関わりをもとうとしないクライエントも多い。カウンセラーといっても初対面の相手に自分の悩みや困っていることを打ち明けるのは誰しも難しいことである。カウンセラーはそのようなクライエントの反応も自然なこととして受け止めつつ、クライエントの様子をみながら、問題を表面化、具体化し、整理していく。例えば、学校に行きたくないと訴える子どもの例であれば、今悩んでいることやうまくいかないと感じているのはどのようなことか、学校に行きたくない理由は何か、学校に行かないことをどのように思っているかなど、クライエントのペースに合わせながら聴き取っていく。

②　自己理解、自己受容を促す

カウンセリングの中で問題が表面化され、整理されていくと、クライエントもしだいに自分の問題に目を向けるようになり、自分を理解し、受容するようになる。例えば先に挙げた例の場合、学校に行かなければならないと思っているのに、実際には行けない自分に対して、自信をなくし、ネガティブな気持ちを感じていることなどがカウンセリングの中で明らかにされると、クライエント自身がその気持ちを受け止め、受容していく。この場合の受容とは、単に「学校に行かなくてもいい」という表層的な意味ではなく、自分の内面に目を向け、自分がどのように感じているか、自分をどのように受け止めるかという、より深い自己受容、自己理解をさしている。

③ 問題解決・自己成長に向かう

自己受容ができるようになると、クライエントはより柔軟で、ポジティブな視点から、自らを捉えられるようになり、問題を解決する意欲をもち、解決方法を自ら考え、選択できるようになる。そして現実の状況や気持ちに合った、より適応的な行動がとれるようになり、自己成長に向かっていく。先の例の場合でも、自分の気持ちが受け止められるようになると、自分の気持ちや現実の自分をより大切にできるようになり、「学校に行かなければいけない」「学校に行けない自分が嫌だ」というような一義的な考え方から、どのように変わりたいか、どのようにしていったらいいかなどをより柔軟に考えられるようになり、自ら問題解決に向けて取り組んでいく。

カウンセリングでは、このような変容の過程が自然に生じてくることが望ましい。しかし、時には堂々巡りになることや、新たな問題が現れてくることもある。そのような場合も、カウンセラーはクライエントのペースを尊重しながら、クライエントの自己実現の可能性を探っていくことが重要である。

第二節　ロジャーズの来談者中心療法

前節では、ロジャーズのカウンセリングの考え方、カウンセリングにおける基本的態度についてみてきた。これらは、来談者中心療法と呼ばれ、様々な心理療法に大きな影響を及ぼしている。そこで本節では、来談者中心療法の概要を解説する。

来談者中心療法の基本理念

来談者中心療法は、一九四〇年代にカール・ロジャーズが創始した。この療法の骨子にあるのは、「来談者の話をよく傾聴し、来談者自身がどのように感じ、どのように生きつつあるかに真剣に取り組んでいきさえすれば、別にカウンセラーの賢明さや知識を振り回したり、押し付けたりしなくても、来談者自らが気づき、成長していくことができる」という考え方である。このように、来談者中心療法では、「カウンセリングの主体はあくまでクライエントである」と考えられており、ここから**非指示的カウンセリング**とも呼ばれている。

また、それまでの心理療法は、「治療者と患者」という関係で行われており、治療する者が権威や主導権をもっていることを前提とした上下関係があった。それに対して、来談者中心療法は、カウンセラーとクライエントは対等な関係であるべきとした。また相談者を「患者」と呼ばずに「クライエント」と呼んだのもロジャーズが初めてである。

さらに、ロジャーズは、カウンセリングにおいてクライエントの**自己一致**（図1）を促すことを重視している。人は誰でも理想の自己像をもっているが、とりわけ問題を抱えている人は、自分が思い描いている自己像と実際の自己像のずれが大きく、そのことが引き金となって恐れやいらだちなどが生じる場合が多い。例えば、学校が怖いと訴え、教室に入れない子どもに話を聴いていくと「授業中、先生の質問に答えられなかったらどうしよう」「周りの友だちにできないと思われるのが怖い」などの葛藤を抱えている場合がある。これは、理想の自己である「優れた自己」と「実際の自己」のずれが大きく、自分の理想像があればあるほどできない人間であると周りに評価されることへの恐れや不安が強く、自己不一致の状態と考えられる。カウンセリングでは、このずれを本人が認識し、実際の自己を受け入れていくことで自己一致を促し、心理的に適応した状態を目指していくのである。

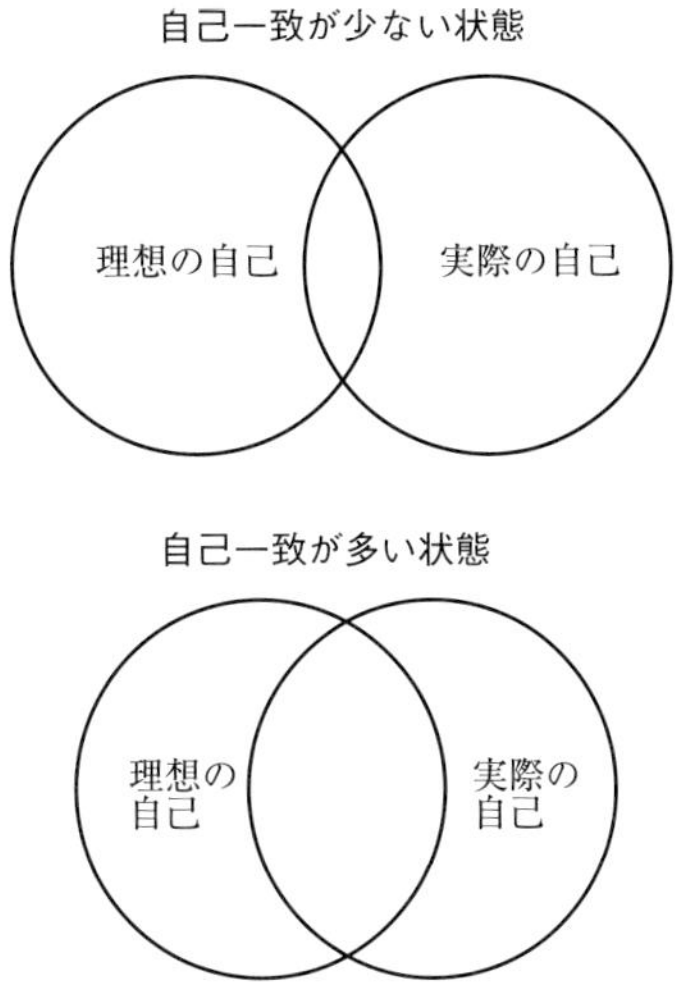

図1　自己一致

来談者中心療法の技法

来談者中心療法は他の心理療法と異なり、明確な技法は用いられておらず、先に述べた理念、とりわけクライエントの人間性を尊重し、前節で述べた三つの条件をカウンセラーが満たすことのみに徹底した療法である。この理念は学派を超えた多くのカウンセラーに影響を及ぼしたことに大きな意義がある。しかし、人間性の尊重や三つの条件は、具体的な療法や技法の枠組みなしに簡単に達成できるものではない。ロジャーズ自身は、治療にあたり技法を一切用いなかったとされるが、後の臨床家によって、ロジャーズのカウンセリングの理念を実践するため、次のような手法が有効とされている。ただし、ここに挙げているのは原則的なことであり、臨機応変な対応も求められる。

傾　聴

傾聴は来談者中心療法の特徴的な点である。カウンセリングでは、カウンセラーが自分の考えを押し付けたり、物事の善し悪《あ》しを判断したりせず、クライエントの話を聴き、受容していくことが重要と考えられており、「徹底的傾聴」とも呼ばれている。また話を聴く際は、適度なあいづちを打つことや言葉を返しながら聴くことも有効である。あいづちや反応があると、相手も話を聴いてもらえている、理解されているという安心感が得られる。

繰り返し

繰り返しはクライエントが言ったことをそのままの言葉で繰り返すことで、反射ともいわれる。これにより、クライエントは自分の言ったことを振り返り、そこに新たな説明や訂正などを加えて話を進めやすくなる。

要　約

要約とは、クライエントの話を簡潔にまとめて伝え返すことである。特に、クライエントが混乱しているときに話の内容を整理する場合などに役立つ。また適度に要約しながら話をまとめていくことで、クライエントの気づきを促す働きもある。

質　問

問題を明らかにしたり、問題の原因を探る際には、適切な質問をしながら話を聴いていく必要がある。質問の仕方は「**開かれた質問**」と「**閉じられた質問**」の二種類に分けられる。開かれた質問は、相手の答えを限定しない聴き方であり、例えば「それについて詳しく話していただけますか？」「それについてあなたはどのように感じていますか？」などがあたる。一方、閉じられた質問は、相手の答えを限定した聴き方であり、「はい」「いいえ」で答えられる質問や、「今週は何回学校を休みましたか？」「今一番困っていることは何ですか？」といった聞き方である。クライエントが話しやすいことや、話の内容をより深く理解したい場合には、開かれた質問を行うことで様々な反応が得られる可能性がある。逆に、クライエントが混乱している場合や、複雑な内容、話しにくいことなどは、閉じられた質問を重ねていくほうが答えやすいこともあるので、両者を使い分けて用いることが有効と考えられる。

また質問の際に留意すべき点として、「なぜ」や「誰が」などの疑問詞は、時に相手を非難している印象を与える場合があるので注意する必要がある。例えば「なぜ学校を休むのですか？」という尋ね方は、人によっては責められていると感じる場合がある。その場合は、「学校を休む理由が何かあれば、話してもらえませんか？」などと聴き方を工夫したほうが受け取られやすくなるだろう。また事実を確認したいときも、断定的な聞き方（例：「最近は勉強などで忙しいでしょう？」）より、推察した聞き方（例：「最近は勉強などで忙しいでしょうか？」）のほうがよい場合もある。

このように、クライエントが話しやすいように質問の仕方を工夫することは重要だが、それと同時に、質問に対して答えたくないことは答えなくてもよいこともクライエントに説明しておくことがある。これは、クライエントは時に、カウンセラーには隠し事をしてはいけないと思っていることがあるためで、カウンセリングにおいてもプライバシーは尊重されるべきであり、話したくないことや話せないことは無理に問い詰めず、時間を置いたり、視点を変えてみるなどの配慮が必要である。これはカウンセラーの側も同様であり、お互いのプライバシーを尊重していくことが信頼関係につながっていく。

非言語情報の重視

カウンセリングでは、言語でのやりとりに加え、非言語でのやりとりも重要である。例えば、クライエントの視線の動き、声の様子、表情、身振りなどの**非言語コミュニケーション**にも多くのサインが含まれている。また非言語コミュニケーションは、本人も気づかず、無意識に行っていることも多いため、クライエントが伝えている非言語情報で気がついたことを、言葉で伝え返すことも有効である。例えば「視線をそらしたように見えます」「声が緊張しているように聞こえます」「体をこわばらせたように感じられます」などと伝え返すことで、自分自身を振り返り、理解を深めるきっかけにもなる。特に子どもは自分の気持ちを十分に言語化できないこともあるので、非言語情報に気を配るとコミュニケーションがとりやすくなると考えられる。

おわりに

本章では、カウンセリングの基本、カウンセリングの基本的態度として普及したロジャーズの来談者中心療法などについてみてきた。カウンセリングの基本的態度は、カウンセリングに限らず、広範な人間関係においても重要な態度であり、教師と生徒の関わりにおいても有用なものと考えられる。また、教育においては、生徒が自己実現できるような能力や態度を育成するために、生徒自身が主体的に問題解決に取り組むように働きかけていくことも重要である。

こうした視点からも、カウンセリングの態度や技法は、教育において示唆に富んだものと考えられる。したがって、今後もカウンセリングの理論を教育の現場にどのように取り入れていくかについて、実践を蓄積させ、検討していくことが必要であろう。

（1）カール・R・ロージァズ、友田不二男訳『カウンセリング　ロージァズ選書　第一巻』岩崎書店、一九五六年。

参考文献

佐治守夫『カウンセリング入門』国土社、一九六六年。
馬場謙一・橘玲子『カウンセリング概説』放送大学教育振興会、二〇〇一年。

第8章　心理療法の理解

桂　瑠以

はじめに

近年、学校で起こる問題行動は、その背景に家庭などの環境要因、心理的・身体的問題などの個人要因等が複雑に入り組んだケースが多く、学校だけでは対応しきれない問題が増加している。そのため、学校内で起こる問題行動に対処するためには、教師だけでなく、心理臨床の専門的アプローチも必要とされており、スクールカウンセラーや専門機関等との連携も重視されている。また教育相談においても心理療法が用いられており、介入の効果が指摘されている。そこで本章では、心理療法の基礎知識を取り上げ、様々な心理療法の特徴をみていくこととする。

第一節　代表的な心理療法

カウンセリングと心理療法の違い

カウンセリングと心理療法の違いは明確ではなく、両者を同義のものとする見方もある一方、意味的に異なる概念とする見方もある。ロジャーズは、カウンセリングと心理療法を同じものとして扱っており、今日の教育現場ではこの考え方が取り入れられ、カウンセリングと心理療法を同義とする見方が強い。一方、両者を異なるものとする立場では、カウンセリングという場合、クライエントが問題解決に向かう過程に焦点を当て、助言や指示などをせずに話を聴くことに焦点を当てている。そのため、カウンセリングにおいては、クライエントとの関わり、とりわけ傾聴や受容が重要と考えられる。他方、心理療法は治療的手段に焦点を当てたアプローチで、どのような治療によって、どのような変容が起こったかを専門的な心理療法を行う立場から捉えていく。このように、両者には共通する部分もあり、明確に分けることは困難だが、教育との関連から考えると、カウンセリングの姿勢を教育現場に取り入れることは重要と考えられるが、その一方で、専門的知識や経験が必要とされる心理療法を取り入れるには、教育現場の体制の整備と、教育と心理臨床との連携を図ることが前提となる。このような相違を踏まえて、ここではカウンセリングと心理療法を異なる概念と考え、心理療法に焦点を当てていくこととする。

心理療法には様々な種類があるが、アプローチの仕方から、**ヒューマニスティックアプローチ**、**精神分析的アプローチ**、**認知行動的アプローチ**の三つに分類される（図1）。これらは三大アプローチと呼ばれており、多くの心理療法はこれらのいずれかあるいは複数の領域にあたるものとされる。ヒューマニスティックアプローチは、前章で取り上げたロジャーズの来談者中心療法の流れをくんでおり、クライエントの主体的な自己実現、自己成長を重視している。本章ではこれらの中で、精神分析的アプローチ、認知行動的アプローチに基づいた心理療法の他、教育相談に有効と考えられる心理療法をみていく。

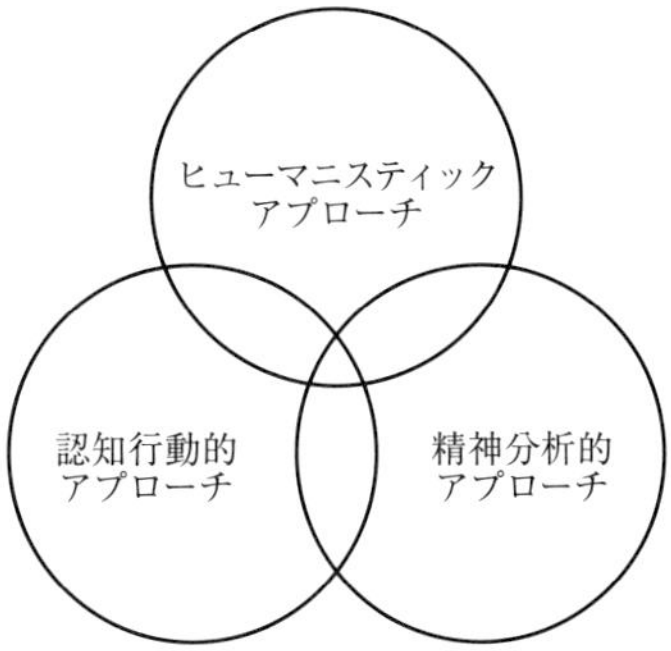

図1　心理療法の3大アプローチ

精神分析療法

精神分析理論による心の理解

精神分析療法は、**フロイト**（Sigmund Freud, 一八五六〜一九三九）が創始した精神分析理論に基づく心理療法である。(1)

精神分析理論では、人の意識の深層には、本人が意識していない**無意識**の部分があると想定している。無意識は、普段は意識できないが、治療の中で意識化することにより、心の問題が生じる条件や因果関係を解明する手がかりになるとされる。また、フロイトによれば、無意識は、エス、自我、超自我の三つの心的組織によって構成されており、これが人のパーソナリティの基礎にあたると考えられている（図2）。

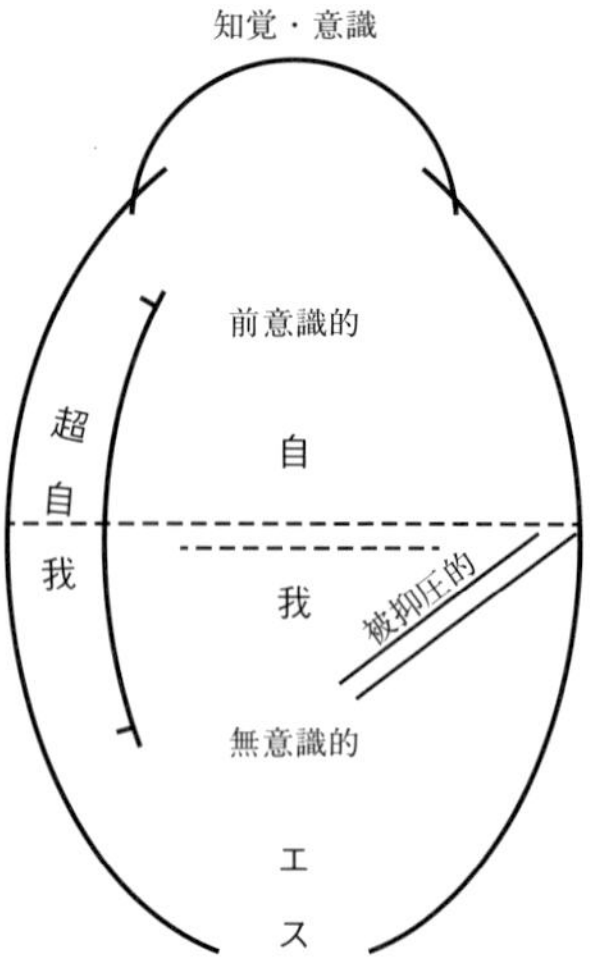

図 2　フロイトの心の構造図
懸田克躬ほか訳『精神分析入門　正・続　フロイト著作集第 1 巻』人文書院, 1971 年, 451 頁をもとに改変。

エス（Es, ドイツ語の非人称代名詞「それ」を語源とする心理学用語）は、人間のあらゆる行動のエネルギーの源である本能的なエネルギーであり、快楽原理に従い、欲求満足を追求する領域である。このエスを調整するのが**自我**であり、現実社会と関連を保ちつつ、エスを抑圧したり解放したりする。この自我による抑圧や解放の機能を**防衛機制**という。防衛が必要なのは、エスが極端に強まる、あるいは弱まると、自我を脅かし、ひいては人格全体の崩壊をも招く危険があるためである。さらに**超自我**は、自我の防衛機制を監視する役割を果たしており、幼少期の両親のしつけや社会規範が取り入れられて形成される。

精神分析理論では、この三者間の力関係によって人間の行動が決定されると考えられている。例えば、大学生がレポート課題に取り組む場合を考えてみると、「今日は疲れているし、やりたくない。明日やればいいのではないか。あるいは一回くらいレポートを出さなくてもいいのではないか」と考えるのはエスの働きである。それに対して「レポートはきちんと出すべきだ。明日はアルバイトがあるから時間が取れないだろうし、今日とりかかって早めに終わらせたほうがいい」と考えるのが自我であり、「レポートを書くのは、学生としてすべきことだし、自分のためだ」と考えるのが超自我の働きである。

これらの心の構造は、生後数年の間に発達すると考えられており、精神分析理論ではとりわけ乳幼児期にどんな発達を遂げてきたかが重視される。例えば、成人クライエントの場合でも、元をたどると乳幼児期に何らかの心理的な外傷体験や葛藤経験があるとされる。そして、普段はその不快な記憶が意識に上らないように無意識に追いやり、自己を防衛しているが、それがうまくいかないといろいろな問題となって生じるものと考えられる。

精神分析療法の特徴

精神分析療法は、クライエントのパーソナリティを理解し、その偏りや防衛機制を適切な状態に導いていくことを目標にしている。言い換えれば、エス、自我、超自我のアンバランスを修正し、エスのエネルギーをうまく発揮できるように全体を再統合していくことを目指している。

こうした治療の目的に基づいて、フロイトは自由連想法や夢分析などの手法を開発した。自由連想法は、クライエントに思い浮かぶことを自由に、ありのままに語らせ、その内容からまた思い浮かぶことを語らせていき、それを繰り返して、しだいに無意識を明らかにしていく方法である。夢分析は、クライエントに夢の内容を書き留めさせ、その内容を解釈することで無意識を理解していく方法である。夢は無意識の欲求や願望が象徴化されて現れると考えられており、夢の内容を解釈することで無意識が明らかになるとされる。

このような治療の過程で、クライエントは転移や抵抗を示すことがある。**転移**とは、クライエントが、中立的な治療者に対して、怒り、恐怖、愛情などの認知や感情を向けることであり、これは無意識に過去の感情を目の前の治療者に向けることから生じると考えられる。例えば、父親との間にわだかまりを抱えているクライエントが、治療者を「威厳があり、怖い感じがする」と言った場合、治療者を自分の父親に重ね合わせて、父親に対する気持ちを治療者に投影しているのではないかと解釈される。また**抵抗**は、クライエントが、自分の無意識を理解することを無意識的に妨げることであり、これは不快な記憶を思い出したくないという「抑圧」が働くために生じると考えられる。転移や抵抗が生じた際は、それを解釈し、その効果をうまく生かすことで、クライエントに自身の無意識を理解させるきっかけとなる。クライエントが自己の感情や態度や行動の意味を理解していくことを**洞察**といい、洞察により自己理解が深まるようにカウンセリングを進めていく。

このような正統的な精神分析療法は、ほぼ連日面接を行い、治療に多くの時間が必要であることなどから、金銭的、時間的にも実施が難しい。そのため現在では「**精神分析的心理療法**」に改められ、一般的な心理療法と同様に、週一回面接を基本とする対面式の対話形式が中心とされ、短縮化されてきている。一方、無意識の意識化を目指し、パーソナリティの変容に焦点を当てる点などは、従来同様、精神分析理論に基づいて行われている。

認知行動療法

認知行動療法は、**ベック**（Aaron Temkin Beck，一九二一〜）が創始した認知療法の流れを汲み、問題行動の改善を目指す行動療法と、ものの見方や考え方の偏りを改善する認知療法を融合させ、認知と行動を変容させることで問題解決を図っていく(2)。心に問題を抱えている人は、しばしば非現実的、非合理的な認知により、問題行動を引き起こしている場合がある。例えば、人前に出ると緊張してしまい、うまく話せないことに悩んでいる人がいるとすると、以前、人前でうまく話せなかった経験を引きずって、「また緊張してしまうのではないか」「また失敗したらどうしよう」という思考にとらわれている場合がある。その結果、同様の場面に遭遇すると、余計に緊張して不安や恐怖が強くなり、うまく話せなくなるなどの問題行動が増加する。

認知行動療法では、こうした悪循環を断ち切るため、カウンセリングによって認知の偏りを修正していく。この場合は、「緊張するのはしょうがない」「いつも完璧にできなくてもいい」というような思考に切り換えていくことで、過度の緊張や不安を軽減させていく。認知が適切なものに変われば、それに伴って問題行動も改善されていき、さらに具体的な行動を学習することで問題行動の矯正を行っていく。

このように認知行動療法は、過去に何があったかなどの原因探しよりも、今この場で起きている不適切な思考、感情、行動の仕方などを適切なものに変化させるトレーニングを行い、改善していく治療法であり、問題焦点型といわれる。そのため治療場面では、非言語的、具体的な行動訓練や明確な目標に向けた実践が重視され、他の精神療法に比べて治療期間も短いことが多い。また、面接の手順などのアプローチが構造化されており、治療の流れや経過がクライエント側にも明らかにされるため、クライエントも自分の症状について理解でき、問題の解決方法が把握しやすいといった特徴もある。

認知行動療法は、当初はうつ病に対する治療法として確立され、その後、強迫性障害、発達障害、摂食障害、統合失調症、パーソナリティ障害等にも適用されるようになり、今日では心理療法の主要なアプローチとして幅広く用いられている。また教育現場でも用いられることが多く、いじめ、非行、不登校などの不適応行動を予防・改善する上で効果をあげており、教育における問題行動の改善にも大きく貢献している。

第二節　教育相談に有効なその他の心理療法

家族療法

家族療法は、家族を一つのシステムとみなし、家族全体を対象に治療を行う心理療法である。家族療法では、個人が示している症状は、家族全体がうまくいっていないサインと考え、個人だけではなく、家族全体の在り方を変容させることで問題解決を図っていく。特に子どもがクライエントの場合、親の養育態度や夫婦関係の在り方などが影響を及ぼしているケースもあるため、家族関係の構造を変容させていく必要がある場合も多い。

一例として、ダブルバインドというコミュニケーションの問題が挙げられる。ダブルバインドとは、言語と非言語などのコミュニケーションの不一致により、相手を心理的に拘束した状態をさす。例えば、母親が子どもに「いいよ」と言うが、その時の表情が険しく、態度では「駄目」と表している場合、子どもはどちらのメッセージを受け取ればいいか分からず混乱し、不安になる。このような親のコミュニケーションの取り方により、子どもの情緒に問題が生じているケースでは、親子間でのコミュニケーションの修正を行い、問題を改善していく。また、世代間にわたって問題が生じている場合は、面接で子どもだけでなく、親、さらに祖父母といった家族メンバーそれぞれから話を聴き取り、世代間の葛藤の解消を行っていくこともある。なお面接は、家族の複数人に同時に行うことも、個人ごとに行うこともあり、複数のカウンセラーがチームを組み、チームで支援する場合もある。

集団療法

集団療法（グループ療法）は、クライエントが集団で治療を行っていく心理療法である。通常、クライエント一〇人前後で集団を作り、集団メンバーそれぞれが自分をありのままに語り合うことで、自己受容、他者受容を促し、集団の中での相互交流を通じて成長していくことが目指される。この治療法の骨子は、自分の姿は鏡を使わないと見えないため、他者を鏡として自分を知り、一人で体験すること以上の知恵を得ていくことである。そのため、例えば不登校の子どもたち、うつ病を抱えた人たちなど、同じような問題を抱えている人たちや、似た立場の人たちが集団となって行われることが多い。集団にはカウンセラーも参加するが、必要な時以外は口を挟まず、クライエント同士の主体的な関わり合いによって治療が進められていく。

集団の中では、治療の過程で様々な心理的力動や相互作用が生まれる。これは**集団反応**と呼ばれ、集団メンバーへの「共感」、自己や他者を受け入れる「受容」、特定の他者と同じように考え、ふるまい、その対象を内在化していく「同一視」、他者と競い合ったり、競争意識をもつ「競合」などが現れてくる。カウンセラーは、これらの集団反応を見守り、集団の中で何でも語れる自由な雰囲気を保ちながら統制を取り、グループの成熟とメンバー個々の成長を助けていくことで、治療を行っていく。

集団療法の具体的な治療法として、グループでエクササイズや自己開示を行い、相互受容を促す**「エンカウンター・グループ」**、即興劇を通じて問題に向き合い、行動の変容を目指す**「サイコドラマ」**、ロール（役割）を演じ、自己理解、他者理解をもたらす**「ロールプレイ」**、望ましい行動を習得し、問題行動を減らしていく**「ソーシャルスキルトレーニング（SST）」**などがある。

遊戯療法

従来の心理療法は、言語を用いてカウンセリングや支援が行われるものが多いが、子どもが対象の場合、言語能力が未発達で、言語化できないことが多く、言葉を介した心理療法のみでは効果が得られにくい場合もある。そこで子どもの場合は、遊びを用いた心理療法である**遊戯療法**が用いられることが多い。子どもは、遊びや体を使った活動を通じて、様々なことを表現する。カウンセラーは子どもの表現やありのままの姿を受容し、子どもが自分の行動や感情を振り返りやすいように働きかけて治療を進めていく。

遊戯療法を行う場には、人形やフィギュア、絵を描く用具などの様々な遊具が用意されている。子どもはそれらを用いて自由に遊ぶことができ、遊びの中で、自身の考えや感情を表現していく。また遊びは、それ自体が治療の効果をもっており、継続的な遊戯療法を通じて問題行動が改善されるケースもある。

一例として、遊戯療法の一つである**箱庭療法**は、**河合**《かわい》**隼雄**《はやお》（一九二八～二〇〇七）により日本に導入され、医療機関に限らず教育相談機関等でも使用されている心理療法である[3]。箱庭療法では、砂の入った箱の中に、ミニチュア玩具を自由に配置して作品を作っていく。ミニチュアには、人、動物、植物、建物、石など様々な種類、形状があるが、特に決まった用具はなく、通常はカウンセラーが収集した玩具を用いる。クライエントが箱庭を制作している間、カウンセラーは様子を見守り、制作中や出来上がった後のやり取りなどを通じて、クライエントの心情を理解していく。箱庭療法は、主に子どもを対象に行われるが、成人にも行われており、現在では一つの心理療法として確立した療法となっている。

芸術療法

芸術療法（アートセラピー）は、芸術活動を用いた心理療法であり、代表的な療法として、音楽療法、絵画療法、コラージュ療法、ダンス療法などが挙げられる。日常の中でも、音楽を聴いて気持ちが安らいだり、落ち着いたりすることがあるが、芸術療法も同様に、芸術活動を通じて、気持ちをすっきりさせるカタルシス（浄化）効果が得られ、ストレスを発散でき、心身が安定するなどの効果がある。また、作品を作り上げることで、創作活動の喜びや自己表現できる喜びを感じることもできる。アートセラピーの実践者であるナタリー・ロジャーズ（Natalie Rogers）によれば、アートセラピーは、自由な自己表現を行い、創造性を探求し、自己を洞察し、再発見していくプロセスであり、その過程で治癒的な変容がもたらされることが指摘されている(4)。また芸術療法は、非言語的な方法を用いた療法が多いため、子どもが対象の場合や言語的コミュニケーションをとることが難しいクライエントにも有効性が高い療法である。

一例として、**絵画療法**の一つである**風景構成法**は、与えられた画用紙、ペン、クレヨンなどを使って川、山などの風景を描いていく。作品が完成した後、作品についての説明を聴きながら、言語化が難しい感情や心理状態を視覚的に表現されたものから読み取っていく(5)。また、**音楽療法**では、クライエントに音楽を聴かせながら感想やイメージを語らせる方法や、クライエントが歌を歌ったり、楽器を演奏したりする方法も用いられる。音楽療法はクライエントの集団で行うこともあり、他者と共に歌を歌うことや演奏することで、他者との親密感や連帯感が得られ、孤独感の解消にもつながると考えられる。

おわりに

本章では、基本的な心理療法や教育相談に有効な心理療法などについてみてきた。心理療法には様々な種類があるが、それらを分類すると、大きく三つのアプローチに分けられる。どのアプローチにも、独自の療法の特徴や手法、理論的背景があり、それに基づく高度な専門性が求められる。今日では、心理療法は医療現場での治療に用いられる他、カウンセラーが学校や地域に出向いて行うことも多く、心理臨床の垣根を越えて、様々な場面で活用されている。このような現状を踏まえ、教育現場でも、教師とカウンセラーがそれぞれの専門性や役割を尊重し、理解を深め、連携していくことが必要と考えられる。

(1) S・フロイト、懸田克躬・高橋義孝訳『精神分析入門(正・続) フロイト著作集第一巻』人文書院、一九七一年。
(2) A・T・ベック、大野裕訳『認知療法　精神療法の新しい発展』岩崎学術出版社、一九九〇年。
(3) 河合隼雄『箱庭療法入門』誠信書房、一九六九年。
(4) N・ロジャーズ、小野京子訳『表現アートセラピー　創造性に開かれるプロセス』誠信書房、二〇〇〇年。
(5) 皆藤章『風景構成法　その基礎と実践』誠信書房、一九九四年。

参考文献

下山晴彦・神村栄一『認知行動療法』放送大学教育振興会、二〇一四年。
徳田良仁［ほか］監修『芸術療法１　理論編』岩崎学術出版社、一九九八年。
徳田良仁［ほか］監修『芸術療法２　実践編』岩崎学術出版社、一九九八年。

G・L・ランドレス、山中康裕監訳『プレイセラピー　関係性の営み　新版』日本評論社、二〇一四年。

V・M・アクスライン、小林治夫訳『遊戯療法』岩崎学術出版社、一九七二年。

第9章　いじめの実態と対策の動向

伊東　毅

はじめに

いじめについて各自がそれなりのイメージをもっている。いったん形成されたイメージは固定化し、柔軟に思考することを妨げてしまう時がある。いじめは家庭での子育てのせいだと一方的に思いこんでしまう者もいれば、反対に、いじめの原因はそのすべてが学校にあると思う者もいる。時代のせいだと考える者もいれば、人類普遍の現象だと考える者もいる。このように、いじめについての捉え方が錯綜《さくそう》している。いったんは今自分が抱いているいじめのイメージに疑問をもち、この現象を捉え直してみよう。そして、より正確な認識に基づいて、いじめ克服への道筋と教育相談の在り方を探っていこう。

第一節　イメージと実態

いじめは一九八〇年代半ばにはじめて社会問題化した。しばらくしていじめは毎年文部（科学）省から発表される調査の対象となった。いじめの量的調査として以前は「いじめの発生件数」、二〇〇六（平成一八）年度から現在までは「いじめの認知件数」といわれる項目がある。このいじめの発生件数・認知件数の推移は、武蔵野美術大学教職課程テキストシリーズである『新しい生活指導と進路指導』に傾向を捉えやすくするために折れ線グラフにして掲載しておいた(1)。これを見ると、いじめが社会問題化した直後は数値が跳ね上がり、その後減少するということを何度も繰り返してきたことがわかる。社会問題化を受けて、一方では教師側の意識が高まりいじめを見る目が鋭くなったために認知率が高まることもあっただろうが、また一方で、そうした時には学校が取り組みを強化することからいじめ自体も多少減少するのではないか、そのため、発生件数・認知件数の減少が見られるのではないか、と思われていた。

ところが、国立教育政策研究所の調査を見ると、いじめ自殺がメディアで取り上げられ社会問題化しようがしまいが、いじめの増減はほとんど見られない。(2) 教師の申告に基づく調査と児童生徒に直接記入してもらった質問紙に基づく調査（自記式質問紙調査）とでは傾向等が異なることがしばしばある。いじめは教師の目には見えにくいところがあること、たとえ、見えたとしても、一部にその申告に抵抗を感じる教師・学校・教育委員会が存在することを考えると、サンプリング調査とはいえ自記式質問紙調査の方がはるかに実態を反映したものといえる。これらを考え合わせると、国立教育政策研究所の調査の通り、いじめ問題は克服されることなく続いているといえる。

こうしたことは、いじめに関するその他の調査結果についてもいうことができる。たとえば、わたくしたちは小学校よりも中学校の方がいじめに関しては質的にも量的にも深刻であると思っている。たしかに次頁の表1の通り、(3) いじめが関係したと思われる自殺についての報道では中学二年生の占める割合がかなり多い。知力・体力、ともに著しい発達が見られる中学校では、その分いじめが過酷になりうるであろうことは容易に想像できる。したがって質的に中学校が深刻であるというイメージはそれほど間違ったものではないだろう。

では、量についてはどうであろうか。これまでも触れてきた毎年文部科学省から発表される「児童生徒の問題行動等生徒指導上の諸問題に関する調査」(4) 掲載のデータでは、表2の通り中学一年がピークになるような山型の形状が見てとれる。

わたくしたちはここから小学校よりも中学校の方が量的にも深刻であると思っている。ところが、このイメージも、教育社会学者による統計的手法に則《のっと》った質問紙調査と傾向を異にする。いじめや不登校問題に関する第一人者として森田洋司を挙げることができる。(5) 表3を見てほしい。この森田が中心となって行われたいじめに関する質問紙調査では、加害経験率も被害経験率も、多少の起伏はあるもののともに加齢とともに減少している。質的側面はともかく、量的側面に限っていえば、小学校の方が中学校よりも深刻であるといえる。

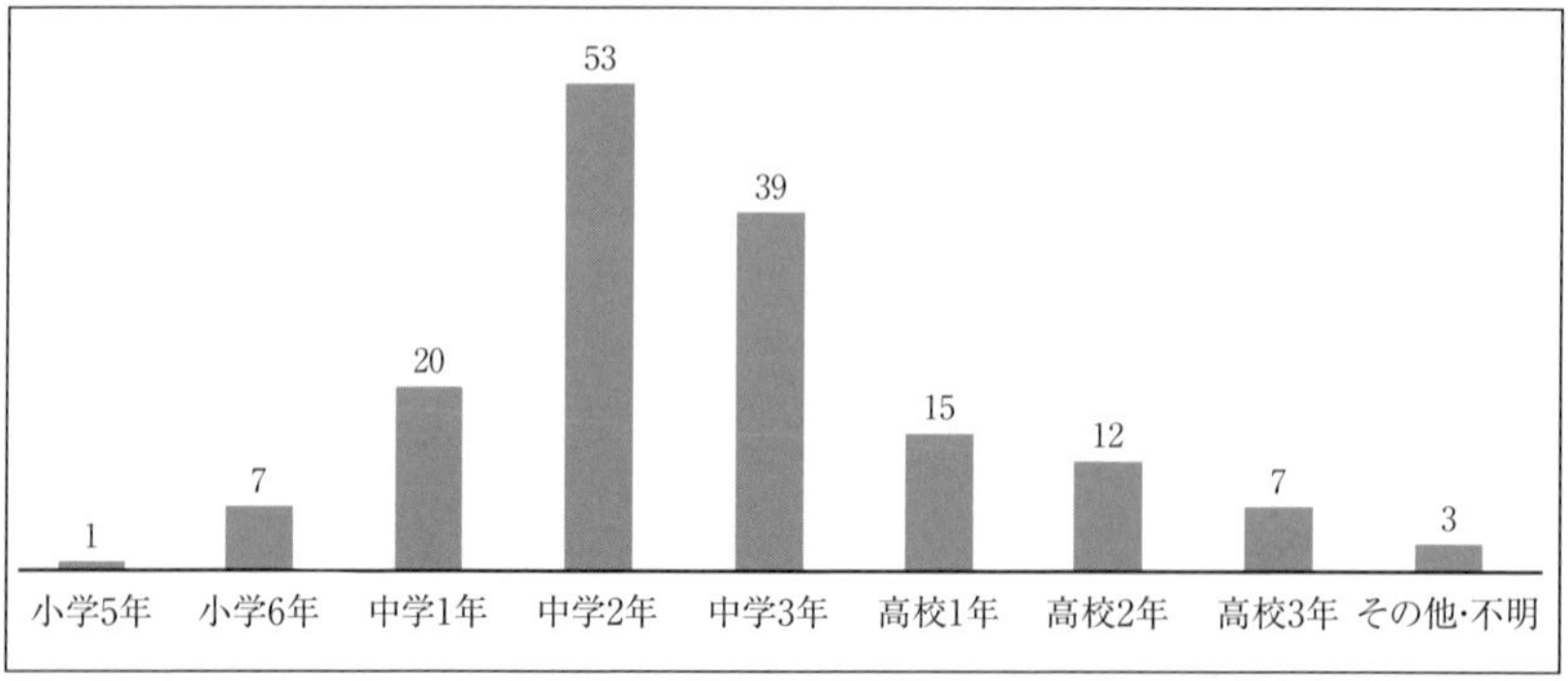

表 1　メディアで報じられた学年別いじめ自殺件数（1975–2006 年度）

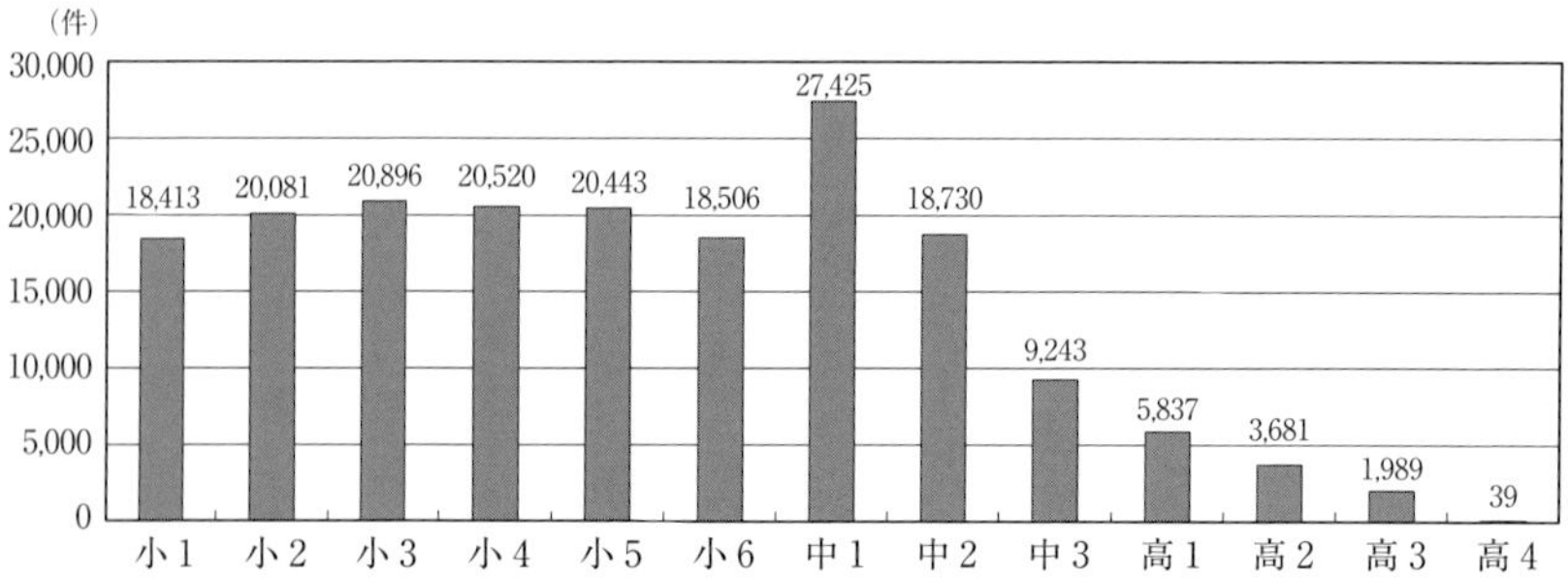

表 2　学年別いじめの認知件数のグラフ（2013 年度，国公私立）

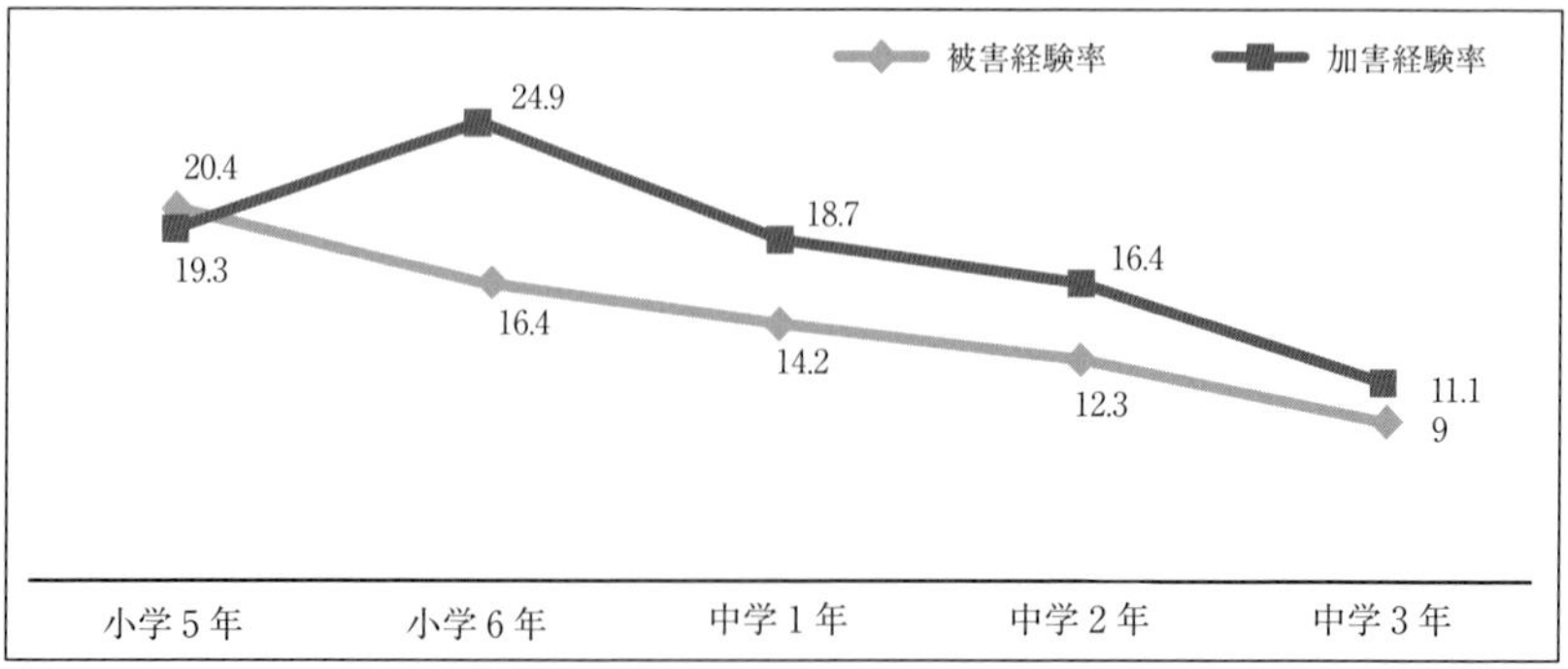

表 3　被害経験率と加害経験率（学年別）

また、欧米に比べてはるかに日本の方がいじめが多いのではとわたくしたちは思っている。このイメージも、各国の研究者たちによる調査の結果を比較すると、正しくないことがわかる。むしろ、小学校段階ではイギリスやオランダなどのヨーロッパ諸国の方がいじめが多発している(6)。

どうやらわたくしたちのいじめ認識は歪《ゆが》んでいるらしい。自殺等のショッキングな事件に遭遇した時のみ騒ぎ立て、躍起になって対策を講じるのではなく、社会問題化していない時でも、また、教師の目から見ていじめがあるようには見えない時でも、予防教育等に不断の努力を続けていく必要がある。

第二節　いじめについての政府関連各種提言と教育相談

いじめが社会問題化した一九八〇年代から今日まで、政府は何度かいじめについてのアピールや提言を行ってきた。これらは学校で展開されるいじめ対策を方向づけるものである。教育相談体制もこうした中で整備されてきた。ここでは、各種提言の中で教育相談がどのように論じられてきたか、見ていきたい。

(1) 児童生徒の問題行動に関する検討会議「児童生徒の問題行動に関する検討会議緊急提言　いじめ問題の解決のためのアピール」(一九八五〈昭和六〇〉年六月二八日)

一九八五(昭和六〇)年の一月と二月に、まだこのころは学校名や氏名が明記されることはほとんどなかったが、六件ほどのいじめ自殺が報道された。こうした事態を受け、このアピールが出されることになる。「学校において緊急に取り組むべき5つのポイント」の一つとして「学校に児童生徒の悩みを受け入れる場を作る。」が掲げられ、教師が相談できる雰囲気を醸成すること、避難場所ともいえる教育相談の場を用意すること、教師の他外部のカウンセラーの積極的な導入を図ること、場合によっては専門機関との連携が必要とされること、などが提案されている。また、「教育委員会において緊急に取り組むべき5つのポイント」の一つとして「教育相談体制を整備充実する。」が掲げられ、児童生徒・父母・教師向けの教育相談窓口を教育委員会や教育センターに整備することを提案している。まだ**スクールカウンセラー**等が学校に配置される前のものであり、教育相談体制の基礎づくりが提案の中心になっている。

（2）いじめ対策緊急会議「「いじめ対策緊急会議」緊急アピール」（一九九四〈平成六〉年一二月九日）

一九九四（平成六）年一一月二七日に愛知県で大河内清輝さん（中学二年）が自殺をした。一〇〇万円以上の恐喝を含む身体的・精神的に耐えがたい攻撃を受けた末の自殺であった。大河内さんは遺書やメモを残しており、これが報道されたことを契機に、テレビ・新聞が連日大きくこの問題を取り上げた。これを受け、この緊急アピールが出されることになる。この緊急アピール自体は短く端的に六項目にまとめられており、教育相談に関してはそのうちの一項目に「子どもが、必要なときにはすぐに親や教師に相談することができるよう、子どもと親や教師との信頼関係を深めることが大切であること。」とあるのみである。

しかし、これを受けての文部省の通知「いじめ問題への取組についてのチェックポイント」（一九九四〈平成六〉年一二月一六日）では、「教育相談」という項目を設けて、相談体制の整備・保護者の悩みにも応える体制づくり・継続的な事後指導・専門機関との連携・教育センターや児童相談所等の相談窓口の児童生徒や保護者への周知について細かく指示されている。この緊急アピールの直後に、学校に心理専門職によるスクールカウンセラーを導入する試みが始まる。

（3）教育再生会議有識者委員一同「いじめ問題への緊急提言　教育関係者、国民に向けて」〈二〇〇六〈平成一八〉年一一月二九日〉

安倍晋三総理大臣は教育を重要課題の一つとして位置づけ、文部科学省のみに委ねるのではなく、自ら教育再生会議（第一次安倍内閣）・教育再生実行会議（第二次安倍内閣）をつくって教育政策の方向性を議論させた。こうした中でとくに力点が置かれたのがいじめ対策である。二〇〇六（平成一八）年一〇月一一日に福岡県で森啓祐さん（中学二年）が自殺した。事実を知りたい両親に対して学校側は消極的であり、設置された第三者委員会も当時は権限が限られており、両親の期待にほとんど応えることができなかった。事件後の学校側の対応がメディアで大きく問題にされた。この事態を受け、第一次安倍内閣時の教育再生会議が「いじめ問題への緊急提言——教育関係者、国民に向けて」を提出することになる。

この提言は、児童生徒に対する懲戒・教員の処分・学校や教員の評価等、それまでの提言と比べると刺激の強い表現が数多く盛り込まれている。一方、この提言には「相談」という言葉は一度も出てこない。関連するものとしては「学校は、いじめがあった場合、事態に応じ、個々の教員のみに委ねるのではなく、校長、教頭、生徒指導担当教員、養護教諭などでチームを作り、学校として解決に当たる。」という一文がある。一九九〇年代後半より対策の目玉として配置を進めてきた心理専門職によるスクールカウンセラーが対策チームの一員として列挙されるまでには至っていない。この時点では、スクールカウンセラーが必ずしも期待される存在になりえていないことがわかる。

（4）教育再生実行会議「いじめの問題等への対応について（第一次提言）」〈二〇一三〈平成二五〉年二月二六日〉

二〇一一（平成二三）年一〇月一一日滋賀県大津市で中学二年生のいじめ自殺事件が起き、注目を集めた。蜂の死骸を食べさせられた・自殺の練習をさせられたといったことが報じられるとともに、学校や教育委員会の事前および事後の対応のまずさが取り上げられた。学校の対応をメディアで大きく批判した尾木直樹[7]を加えるなどしてつくられた第三者委員会が調査に当たったが、これが後の第三者委員会のあり方に影響を与えることになる。この事件を受け、第二次安倍内閣時の教育再生実行会議が「いじめの問題等への対応について（第一次提言）」を提出することになる。

この提言で強調されたのは、いじめに関する法律をつくることと道徳の教科化の二つである。この提言では「相談」という言葉が七回使用されており、相談体制の整備が強調されている。「国及び教育委員会は、学校における日常的な相談窓口として、スクールカウンセラー、スクールソーシャルワーカー等の配置を一層促進するほか、困難な問題の解決に向けて相談できる弁護士や、インターネットを介したいじめに対応するためのICT等の専門家、教員や警察官の経験者、地域の人材等、多様な人材による支援体制を構築する。」とあり、こうした大きな提言では、はじめて「スクールカウンセラー」という表現が登場することになる。法制化に向かう段階でこうした表現が出てきたことの意味は大きい。

第三節　いじめ防止対策推進法と教育相談

教育再生実行会議の提言「いじめの問題等への対応について（第一次提言）」のあった二〇一三（平成二五）年にさっそく法律が制定された。**いじめ防止対策推進法**（平成二十五年六月二十八日法律第七十一号）である。実はこのいじめ防止対策推進法の中で教育相談の役割はかなり強調されている。ここでは、この法律の該当箇所を丁寧に見ることによって、いじめ問題とかかわって教育相談がどういうことを期待されているのか、確認してみよう。

いじめ防止対策推進法全体で「相談」という言葉は八回登場する。最初は「いじめの早期発見のための措置」が記されている第十六条に出てくる。ここで強調されていることは相談体制の整備である。児童生徒が相談しようとしたとき、迷うことなく相談窓口に行き着くことができるよう、国・地方公共団体・学校の設置者（公立校の場合は教育委員会・私立校の場合は学校法人など）・学校に、それぞれのレベルに応じた体制づくりを求めている。なお、児童生徒ばかりでなく保護者や学校の教職員も相談できる体制をつくるよう、学校の設置者と学校に求めている。おそらく心理専門職カウンセラーのコンサルテーションという役割などがここでは想定されていると思われる。

実際には体制整備とともに、学校における相談室の利用時間・方法や二四時間対応している電話相談（いじめホットラインなど）の電話番号、メール相談のメールアドレスなどをいざという時のためにあらかじめ児童生徒や保護者に知らせておくことが求められる。パンフレットやリーフレットをつくったり、専用のネット上のページをつくったりして対応しているところが多い。いじめ防止対策推進法制定以前からこうしたことはある程度整備されてきていた。

次に「相談」という言葉が出てくるのは「いじめの防止等のための対策に従事する人材の確保及び資質の向上」について触れている第十八条である。人材確保について触れている箇所の一部に「心理、福祉等に関する専門的知識を有する者であっていじめの防止を含む教育相談に応じるものの確保」とある。心理の方はカウンセラー、福祉の方はソーシャルワーカーが想定されていると思われる。スクールカウンセラーの整備は、不充分なところがたくさんあるけれども、ある程度進められてきた。同様の配置の努力が**スクールソーシャルワーカー**についてもなされていくのであろう。したがって、これからの相談体制のなかにスクールソーシャルワーカーも組み込まれてくることになる。

次に「相談」という言葉が出てくるのは、「いじめに対する措置」について触れている第二十三条である。「学校の教職員、地方公共団体の職員その他の児童等からの相談に応じる者及び児童等の保護者は、児童等からいじめに係る相談を受けた場合において、いじめの事実があると思われるときは、いじめを受けたと思われる児童等が在籍する学校への通報その他の適切な措置をとるものとする。」とある。ここでは、相談を受けた際、いじめがあると思われた時の通報義務が強調されている。

周知のように、相談には守秘義務がともなう。これと通報義務がどのように折り合いをつけるのか、しっかりと確認をしておかなければならない。児童生徒の了解をとってから伝えればいいと多くの人は考えるだろう。それは、その通りである。しかし、実際には、誰にも伝えないでほしいと訴える児童生徒も出てくる。その時どうするのか。命の危険が察知された時には、たとえ児童生徒が秘密にしてほしいと言い張っても、児童生徒のその気持ちに配慮しながら柔軟に対応するとか、まずは、本人が特定されないような形でスクールカウンセラーに、こういう相談を受けたがどうすればよいかと尋ね、アドバイスを求めるとか、いざというときの対応が遅れないよう確認しておく必要がある。そうでないと事態が深刻な場合、躊躇《ちゅうちょ》している間に取り返しのつかない事態を招くことになりかねない。

おわりに

教育相談の中核的方法を担う**カウンセリング**も、治療的カウンセリングから予防的カウンセリングへ、さらには開発的カウンセリングへというように積極的な形態に移行しつつある。ロングホームルームや総合的な学習の時間を活用して、場面を設定していじめに遭遇した時の対応の仕方をシミュレートさせたり、いじめの被害者・加害者の気持ちを理解するための**ロールプレイング**を行わせたり、人間関係づくりのためのゲームをやってみたりというように**グループエンカウンター**や**ワークショップ**を行う者も増えてきた。[8] こうした開発的カウンセリングも、スクールカウンセラーではなく教師に期待される実践である。いじめ問題を克服するために、努力を積み重ねてほしい。なお、いじめへの対応の仕方については第12章を合わせて参照願いたい。

（1）高橋陽一・伊東毅編『新しい生活指導と進路指導』武蔵野美術大学出版局、二〇一三年、一一八頁。
（2）国立教育政策研究所生徒指導研究センター編「いじめ追跡調査 2007–2009」国立教育政策研究所、二〇一〇年六月、および、国立教育政策研究所生徒指導研究センター編「いじめ追跡調査 2010–2012」国立教育政策研究所、二〇一三年七月、参照。

（3）教育科学研究会編『なくならない「いじめ」を考える』国土社、二〇〇八年、一九〇頁より作成。

（4）政府統計の総合窓口（e-Stat）http://www.e-stat.go.jp/SG1/estat/List.do?bid=000001055973&cycode=0（二〇一五年八月一〇日閲覧）。

（5）森田洋司・滝充・秦政春・星野周弘・若井彌一編著『日本のいじめ　予防・対応に生かすデータ集』金子書房、一九九九年、二二頁。

（6）伊東毅「第3章　いじめ現象の原因分析とその克服法について」小久保明浩・高橋陽一編『教育相談論』武蔵野美術大学出版局、二〇〇二年、九一頁。

（7）教育評論家・法政大学教授。「尾木ママ」という愛称で有名。

（8）こうしたゲームの一つに「友人発見・自己紹介ビンゴゲーム」というものがあるが、具体的なやり方を拙著『未来の教師におくる特別活動論』（武蔵野美術大学出版局、二〇一一年、六五～七二頁）に詳しく紹介しておいた。参考にしてほしい。

第10章　不登校の実態と対策の動向

伊東　毅

はじめに

不登校とは、文部科学省によると「何らかの心理的、情緒的、身体的、あるいは社会的要因・背景により、児童生徒が登校しないあるいはしたくともできない状況にある（ただし、「病気」や「経済的な理由」によるものを除く。）こと」[1]となっている。統計上、一九九〇（平成二）年度までは年間五〇日以上であったが、一九九一（平成三）年度に年間三〇日以上に改められ現在に至っている。

不登校の数などその実態については、武蔵野美術大学教職課程テキストシリーズの『新しい生活指導と進路指導』（高橋陽一・伊東毅編、武蔵野美術大学出版局、二〇一三年）に文部省が調査を始めた一九六六年から現在に至るまで、わかりやすく折れ線グラフで提示しておいたので参照願いたいが、戦後混乱期に学校へ通えなかった子どもたちが次第に学校に通えるようになり、一九七〇年代半ばには不登校状態にある子どもはきわめて少なく、感覚的にはいないに等しい状態であった。ところがその一九七〇年代半ばから不登校児童生徒数が急激に増加し、二〇〇一（平成一三）年度にピークを迎えることになる。小・中学校合わせて一三万八七二二人となり過去最高値を記録する。その後、多少の起伏はあるものの、微減傾向にあるといったところである[2]。この微減傾向は不登校の改善の兆しなのか、それとも、不登校現象が飽和状態になったために数値の上昇が止まったためなのか定かではない。

いずれにしても、不登校と無縁で定年を迎えることのできる教師などもはやいないのではないだろうか。それゆえ、わたくしたちは、不登校についての最低限の知識を持っておかねばならないし、それをベースに学び続けなければならない。不登校に対する具体的な教育相談の方法等については第12章に詳しいのでそちらをご覧いただきたい。ここでは、不登校の実態を確認したり、不登校をめぐる行政の取り組みを中心にまとめていきたい。

第一節　不登校の実態

文部科学省に設置された「不登校生徒に関する追跡調査研究会」が二〇一四（平成二六）年七月に「不登校に関する実態調査　平成18年度不登校生徒に関する追跡調査報告書」[3]を作成し公表したが、これを参照することによって、不登校経験者がどのような経緯を辿《たど》るのかといった、より立体的な不登校の実態についてみていきたいと思う。この調査は、二〇〇六（平成一八）年度に公立中学校第三学年に在籍していた生徒のうち、不登校として年間三〇日以上欠席していた者（男子二万四六四人、女子二万五七九人、合計四万一〇四三人）を対象に五年後に追跡調査をしたものである。「中学校卒業までの状況」「中学校卒業から現在までの状況」「現在の状況と今後の課題」について調査・集計されている。なお、過去には一九九三（平成五）年度に不登校であった者を対象に同様の調査が行われている[4]。これなどとも比較しながら、不登校の実態をみてみよう。

（1）中学校卒業までの状況

調査対象者の中学校三年生時の欠席状況については、九割を超える者（九〇・四パーセント）が「ほとんど休んだ」「かなり休んだ」と回答している。前回調査に比べ、不登校期間が更に長期化している様子がうかがえる。不登校のきっかけは、とりわけ「友人との関係」は半数以上、「先生との関係」は四分の一以上と、学校での人間関係から派生する問題が目立っており、この傾向は前回調査と比べると強くなっている。家庭生活での問題よりも学校生活をめぐる問題がより不登校になるきっかけとなっていることがわかる。休みはじめた学年についてみると、中学校一年生が二八・六パーセントと最も高く、次いで中学校二年生二五・三パーセントとこの二つが突出している。休みはじめた時期については、長期休業明けの九月に最も多くなるようである。相談について尋ねた項目では、校内に関しては「学校にいる相談員など（スクールカウンセラーなど）」三四・〇パーセント、「学校の先生（担任の先生など）」二九・五パーセント、「学校の養護教諭（保健室の先生）」二三・六パーセントとなっている。不登校に関していえば、スクールカウンセラーが相談相手として重要な役割を占めるようになってきたことがわかる。施設の利用状況としては、「病院・診療所」が二四・一パーセントで最も多く、次いで「教育支援センター（適応指導教室）」一九・七パーセント、「民間施設（「フリースクール」と呼ばれる場所など）」八・八パーセントとなっている。

前回調査と比べると、教育支援センター（適応指導教室）の利用がある程度増えている。「何も利用しなかった」と回答した者が二二・五パーセントで、前回調査より約二〇パーセント減少している。何らかの形で相談・支援を受けることができる体制が整ってきたと考えることもできる。

（2）中学校卒業から現在までの状況

回答者一五九五人のうち高等学校進学は一四一九人（八八・九パーセント）（中学校卒業直後に進学一三六五人〈八五・五パーセント〉）、就職他が一七六人（一一・〇パーセント）。高等学校進学（一四一九人）のその後の内訳は、卒業（高卒認定試験受験者四〇人を含む。）一〇八九人（七六・七パーセント）、在学中一三一人（九・二パーセント）、高等学校中退一九九人（一四・〇パーセント）である。中学校卒業直後に進学も就職もしていない者は一三四人（八・四パーセント）、そのうち五年後の調査段階でもいまだ進学も就職もしていない者が五七人（三・五パーセント）となっている。中学三年時不登校にあった者も九割近くが高等学校に進学している。こうした数値をみていると、不登校に対するサポート体制がある程度整ってきたのではないかと思われる。

（3）現在の状況と今後の課題

中学三年時不登校であった者の五年後の状況であるが、前回調査との比較において特筆できることとして、現在何らかの学校に就学していると回答した者が二三・〇パーセントから四六・七パーセントと大幅に増加していることである。とりわけ、「大学」については、六・六パーセントから一九・〇パーセントと約三倍に増加している。大学への進学傾向は確実に強まっているといえる。

不登校による苦労や不安を尋ねる項目において、「他人との関わりに不安を感じることがあった」では「おおいにあった」が四二・六パーセントを占め、「少しはあった」を含めると七三・五パーセントになり、前回調査と比べると、「おおいにあった」は二一・七ポイント増加するなど、人間関係上の困難が目立つ結果となった。「体力が低下したり不足したりして苦労した」でも「おおいにあった」と「少しはあった」を合わせて六〇・一パーセントであり、前回調査の四八・一パーセントに比べ、一二・〇ポイント増加している。身体的配慮も実はかなり必要とされてきているのではないかと思われる。

不登校によるマイナスの影響を尋ねた項目では、不登校であったことをマイナスと感じている者は二三・五パーセント、マイナスとは感じていない者四〇・三パーセントであった。この傾向は、前回調査とほぼ同様である。不登校経験をプラスに変え、人生を切り開いていく者は少なくない。

第二節　文部科学省の不登校対策

（1）教育支援センター（適応指導教室）

不登校に対する具体的な対策は一九九〇年代ごろから積極的にとられるようになった。まずは「**適応指導教室**」の設置が進む。当時の文部省は、適応指導教室を定義して「不登校児童生徒等に対する指導を行うために教育委員会が、教育センター等学校以外の場所や学校の余裕教室等において、学校生活への復帰を支援するため、児童生徒の在籍校と連携をとりつつ、個別カウンセリング、集団での指導、教科指導等を組織的、計画的に行う組織として設置したものをいう。なお、教育相談室のように単に相談を行うだけの施設は含まない」[5]としている。その性質上、実際には学校の余裕教室を用いることはまれで、学校ではないところに設置される。通室により、校長判断で指導要録上の出席日数に加えることができるとされた。また、通室の際に学割が適応されることにもなった。適応指導教室は、このように行政のバックアップをかなり伴ったものであり、学校に通えなくなった児童生徒を総合的にフォローする取り組みとして期待を集めた。

なお、当初は「適応指導教室」という名称であったが、より適切な呼び方を望む声があったことから、標準的な呼称として「**教育支援センター**」が用いられるようになった。すなわち、適応指導教室と教育支援センターとは同じものである。適応指導教室が教育支援センターと呼ばれることが多くなったために、それまで存在した「教育センター」と混同する人が出てきた。この教育センターというのは、市区町村に設けられた地域の教育全般の振興のための機関である。もちろん、不登校児童生徒の援助に関することも教育センターの業務に含まれる。こうした教育センターの中に教育支援センター（適応指導教室）が設けられているケースが多い。少しややこしいが、教育センター・教育支援センター・適応指導教室の関係を誤解のないように把握してほしい。

教育支援センター（適応指導教室）の設置主体は教育委員会であるが、その充実を目的とする指示を文部科学省でも要所で出している。「教育支援センター（適応指導教室）整備指針（試案）」[6]などもこの一つである。まずは設置の目的として「……学校復帰を支援し、もって不登校児童生徒の社会的自立に資することを基本とする」とあることに注目しなくてはならない。目的はあくまでも学校復帰にある。指導の内容としては、在籍校と連絡を取り教科の学習指導を実施することを求めている。指導の方法として、実情に応じてではあるが、集団指導・体験活動の積極的実施を求めている。施設として運動場を備えることが望ましいとされるなど、この辺りは、目的にある学校復帰をかなり意識したものになっていると思われる。通室困難な児童生徒については家庭訪問による適応指導の実施も提案されている。指導体制としては、「指導員」を置くこととなっており、実定員一〇人に対して少なくとも二人程度置くことが望ましいとされている。不登校については民間の**フリースクール**の果たしてきた役割がきわめて大きいが、この指針では、教育支援センターがこうした民間施設やＮＰＯ法人と連携・協力していくことも強く求めている。

（2）スクールカウンセラー

適応指導教室の設置に並行するように「**スクールカウンセラー**」の導入が進められることになる。一九九五（平成七）年より始まる「スクールカウンセラー活用調査研究委託事業」がそのきっかけになるが、これを含むスクールカウンセラーについては第2章などでも触れているので、そちらを参照してほしい。

（3）スクールソーシャルワーカー

スクールソーシャルワーカーは、アメリカやカナダなどにおいて相談体制の一角として一九九〇年代にすでに積極的に活躍していた(7)。ソーシャルワーカーとは、様々な困難を抱える人たちに寄り添い、その人たちを助けることになるであろう関連機関や関連窓口につないでいくことを主な仕事とする福祉専門職である。

このソーシャルワーカーを学校に導入したものがスクールソーシャルワーカーである。具体的には、児童相談所・教育支援センター（適応指導教室）・教育委員会・役所の福祉関係窓口・病院・弁護士・警察などに、児童生徒やその保護者をつないでいくことになる。周りから見ている第三者は、児童相談所に相談に行けばいいのにとか、役所の福祉関係窓口にいって申請したら人的・経済的援助をしてもらえるのに、と思うことがしばしばある。しかし、当人は困難で疲弊しており、合理的な判断や行動をとれないことの方が多い。これを困難を抱える者の側に立って親身になってフォローしていくのがスクールソーシャルワーカーの任務である。文部科学省は、二〇〇八（平成二〇）年度より「スクールソーシャルワーカー活用事業」を始めるとともに、さっそく翌年より補助事業としてスクールソーシャルワーカー導入の全国的支援を始めた。

（4）手引等の作成

文部科学省は、適応指導教室・スクールカウンセラー・スクールソーシャルワーカーなどの制度を整えるとともに、具体的な対応の仕方について、国立教育政策研究所に依頼するなどして手引き等を出し、学校を援助している。不登校に関しては文部科学省「不登校への対応について」[8]（二〇〇三年）、国立教育政策研究所生徒指導研究センター『不登校への対応と学校の取組について　小学校・中学校編』[9]（生徒指導資料第2集、二〇〇四年）などがその代表的なものである。これらを利用して、次節では、不登校問題についての学校の対応について学んでいこう。

第三節　学校の対応

文部科学省「不登校への対応について」は、不登校についてコンパクトにまとめられたパンフレットであり具体性には限りはあるが、学校における取り組みとしてとりわけ強調されていることは「**不登校対応担当**」を設けることである。校内における連絡調整、児童生徒の状況に関する情報収集、個別指導記録等の管理、学校外の関連機関との連携協力のためのコーディネート等を行う教職員とされている。

国立教育政策研究所生徒指導研究センター『不登校への対応と学校の取組について 小学校・中学校編』では、これまでの不登校に関する蓄積を整理するとともに、成功・失敗、合わせて一二事例を取り上げ、対応の仕方を提示している。ここから、不登校にどのように教師・学校は向き合えばよいのか、具体的に学んでいこう。

成功した事例の多くでは、校内に不登校対策委員会が常設されており、不登校に対しては集団で取り組むことがシステムとして確立している。管理職もこの委員会のメンバーになっており、校長自身が中心になって会合の招集をする場合もある。こうすることにより、委員会での決定事項を管理職に仰ぐという手間を省くことができ、速やかに行動に移すことができる。この委員会には、心理専門職が加わることが大切で、スクールカウンセラーのいない学校では、具体的な不登校児童生徒の対応を議論する際には教育委員会に心理専門職の派遣を依頼することが効果的とされている。不登校が発達障害をめぐって生じる場合があり、こうした場合にはとくに専門家の判断が求められることとも関係している。

不登校対策委員会の開催条件がシステマティックに設定されている学校もある。実践例として取り上げられていた学校の一つでは、月に五日以上欠席があると個別指導記録を作成することになっている。作成された個別指導記録は生徒指導主事に提出する。生徒指導主事はこれを管理職に報告するとともに会合の開催を指示する、という流れであった。判断の際に担任にプレッシャーを与え、結果として初動が遅れるということを防ぐためにも、このような不登校対策委員会開催のシステマティックな手順づくりが必要ではなかろうか。

対象が中学生である場合、成功例のそのほとんどが小学校と連絡を取り情報を収集し、その不登校を立体的に捉えようとしている。小学校時の担任などを不登校対策委員会に加える場合もあるし、教師・養護教諭・スクールカウンセラーが小学校を訪問する場合もある。

家庭訪問や保護者対応の中心が担任であることはもちろんであるが、場合によっては児童生徒との相性を考慮し養護教諭やスクールカウンセラーが家庭訪問（スクールカウンセラーの訪問面接）をしたり、また、教頭が保護者との連絡・対応係となったりと、成功した事例では相当柔軟な対応がとられている。

また、大学生ボランティアによるアシスタントティーチャーが有効であることを強調する実践例もある。どんなに優しく接しようとも、教師の存在はどうしても学校を想起させ、不登校傾向を示す児童生徒に心理的負担をかけることになる。教師よりはるかにこうした登校刺激が緩和された存在であるアシスタントティーチャーであれば受け入れる児童生徒も多い。夏季休業等、長期休暇の際にもアシスタントティーチャーが定期的にかかわることにより、関係性の維持が図られ精神的な安定も得られるようである。

家庭訪問や電話連絡は拒絶するが電子メールでのやり取りであれば可能な生徒がおり、電子メールを使ったコミュニケーションでかかわりを継続できたという事例が紹介されている。二〇〇五（平成一七）年より、ＩＴを用いた学習活動も条件が整えば出席扱いされるようになったことを考え合わせるならば、ネットを用いた不登校対応がますます重要な役割を担うようになるのかもしれない。

児童生徒とともに、親をしっかりと支える必要のあることがほとんどの事例で指摘されている。母親をスクールカウンセラーや教育支援センターにうまくつなげることができると、児童生徒も相談のルートに乗ってくる場合が多いことを事例は示している。不登校児童生徒の親たちが集まって交流する「**親の会**」なども家庭を孤立させないために重要である。また、保護者に著しい問題がある場合には**児童相談所**との連携が重要であることを示す事例もある。

不登校経験者でも進学・就職をして人生を切り開いていく者は多い。こうしたことも児童生徒・保護者と共有することにより、不登校が「心の問題」として捉えられるだけではなく、「進路の問題」として捉えられ、具体的な見通しをもって支援をしていく必要のあることが複数の事例で強調されている。

おわりに

本書執筆時に参照可能な最新の不登校のデータは二〇一三（平成二五）年度のものであるが、同年度の小学校・中学校合わせた不登校児童生徒数は一一万九六一七人であった。ピーク時より減ってはいるものの憂慮すべき状態にあることは間違いない。思うように克服に至らない不登校問題に対してスクールソーシャルワーカーの導入という新たな試みが展開されつつある。実は、日本のスクールカウンセラーはこれまでソーシャルワーカー的な任務も担ってきたところがある。

文部科学省は、心の問題はスクールカウンセラーに、それ以外の福祉に関する問題（関連窓口との連携など）はスクールソーシャルワーカーにと役割を分離・明確化し、より手厚い対応をしようとしている。ただ、スクールカウンセラー導入に際しても教員集団に溶け込むためには相当の苦労があったようであるし、そうしたことを克服した現在でも週二日程度の非常勤職では果たしうる職務は限られているという指摘がある。新たに加わるスクールソーシャルワーカーに対しても同様の指摘がなされる可能性がある。確かに、不登校問題は克服が難しい。試行錯誤をしていかざるをえないであろう。いずれにしても、この試行錯誤を有効な不登校対策につなげるためには関係者のいっそうの相互理解と協力が欠かせない。

（1）文部科学省「児童生徒の問題行動等生徒指導上の諸問題に関する調査　用語の解説」http://www.mext.go.jp/b_menu/toukei/chousa01/shidou/yougo/1267642.htm（二〇一五年八月一四日閲覧）。
（2）高橋陽一・伊東毅編『新しい生活指導と進路指導』武蔵野美術大学出版局、二〇一三年、一一〇頁。
（3）不登校生徒に関する追跡調査研究会「不登校に関する実態調査　平成18年度不登校生徒に関する追跡調査報告書」二〇

一四年七月 http://www.mext.go.jp/a_menu/shotou/seitoshidou/1349956.htm （二〇一五年八月一四日閲覧）。

（4）文部科学省「「不登校に関する実態調査」（平成五年度不登校生徒追跡調査報告書）について」http://www.mext.go.jp/b_menu/hakusho/nc/t20010912001/t20010912001.html （二〇一五年八月一四日閲覧）。

（5）文部省初等中等教育局中学校課「生徒指導上の諸問題の現状と文部省の施策について」二〇〇〇年一月。

（6）文部科学省「教育支援センター（適応指導教室）整備指針（試案）」http://www.mext.go.jp/b_menu/shingi/chukyo/chukyo3/siryo/06042105/001/006/001.htm （二〇一五年八月一四日閲覧）。

（7）筆者は、一九九七年度～一九九九年度科学研究費国際学術研究「学校におけるいじめの実態調査とその打開策に関する日加共同研究」（代表：河内徳子）に参加する機会を得たが、訪問先のカナダではスクールソーシャルワーカーが児童生徒およびその家庭のフォローに活躍している様子が目についた。詳細については『学校におけるいじめの実態調査とその打開策に関する日加共同研究』（文部省科学研究補助金研究成果報告書［課題番号09044037］、二〇〇〇年）を参照願いたい。

（8）文部科学省「不登校への対応について」http://www.mext.go.jp/a_menu/shotou/futoukou/main.htm （二〇一五年八月一四日閲覧）。

（9）国立教育政策研究所生徒指導研究センター『不登校への対応と学校の取組について　小学校・中学校編』（生徒指導資料第2集）、ぎょうせい、二〇〇四年。

第11章　非行少年の実態とその処遇

伊東　毅

はじめに

教育相談や生徒指導がいつもうまくいくとは限らない。コミュニケーションや指導を積み重ねても、それでも深刻な問題を引き起こす子どもがいる。傷害事件を起こす子どももいれば、自らの命を絶ってしまう子どももいる。親の悲しみは計り知れない。教師も激しく動揺する。しかし、教師は、こうした中でも子どもや家族に寄り添い、未来に向けて共に進んでいかなければならない。このような状況を迎えずに済むことを祈りつつも、そうした際、少しでも適切な対応ができるよう学習を進めておかなければならない。

本章では、子どもたちが関わる深刻な問題の実態をさまざまなデータを参照することによって確認するとともに、問題を起こした子どもが例えば補導されたあとどのような処遇を受けるのかといったようなことなどについてもみていきたい。

第一節　非行少年の実態

未成年が引き起こす事件が報道されるたびに、今の子どもたちや若い人たちはどうしてしまったんだ、私たちの時はこんなじゃなかった、学校はしっかり道徳教育をしているのか、といった反応が散見される。ニュースキャスターやコメンテーターの発言を聞くと、得体の知れない変化が今の子どもたちに生じているかのようにも思える。もちろん、時代とともに子どもたちは変化している。しかし、わたくしたちが抱くイメージはそうした変化を適切に捉えているだろうか。「スタート（現状認識や原因・背景への目配り）や途中（解決策や対処法の選び方）で、あらぬ方向へ向かってしまうと、コースアウトしてしまい、いつまでたってもゴール（教育問題の解決）には向かわない(1)」という広田照幸・伊藤茂樹の指摘をわたくしたちは真摯に受け止めるべきではないだろうか。

まずは、冷静にデータを眺めながら、諸問題の実態に迫る努力をしてみよう。最初に、殺人や強盗といった少年による凶悪犯罪の推移について確認し、そのあと、しばしば**生徒指導**の対象となる万引きなどの窃盗の傾向を合わせて確認する。

（1）殺人

次頁の表1をみてほしい。少年による殺人は、一九五一（昭和二六）年と一九六一（昭和三六）年に四四八人を記録しているが、一九六〇年代後半より著しく減少し、一九七〇年代後半から現在まで低い数値で推移しており、本書執筆時に確認できる最新データは二〇一三（平成二五）年のものであるが五六人となっている。ここからは少年の凶悪化といった事態は読みとれない。

（2）強盗

次頁の表2をみてほしい。少年による強盗は、三つのピークがある。戦後混乱期の一九四八（昭和二三）年に三八七八人を記録し、これが戦後最高値となっており、これが第一のピークである。一九六〇（昭和三五）年に二七六二人となり、これが第二のピークを形成する。第三のピークは一九九七（平成九）年から二〇〇三（平成一五）年まででおよそ七年間にわたり一五〇〇人を超える時期があった。その後また減少し、低い数値を維持している。本書執筆時に確認できる最新データは二〇一三（平成二五）年のものであるが五七三人となっている。

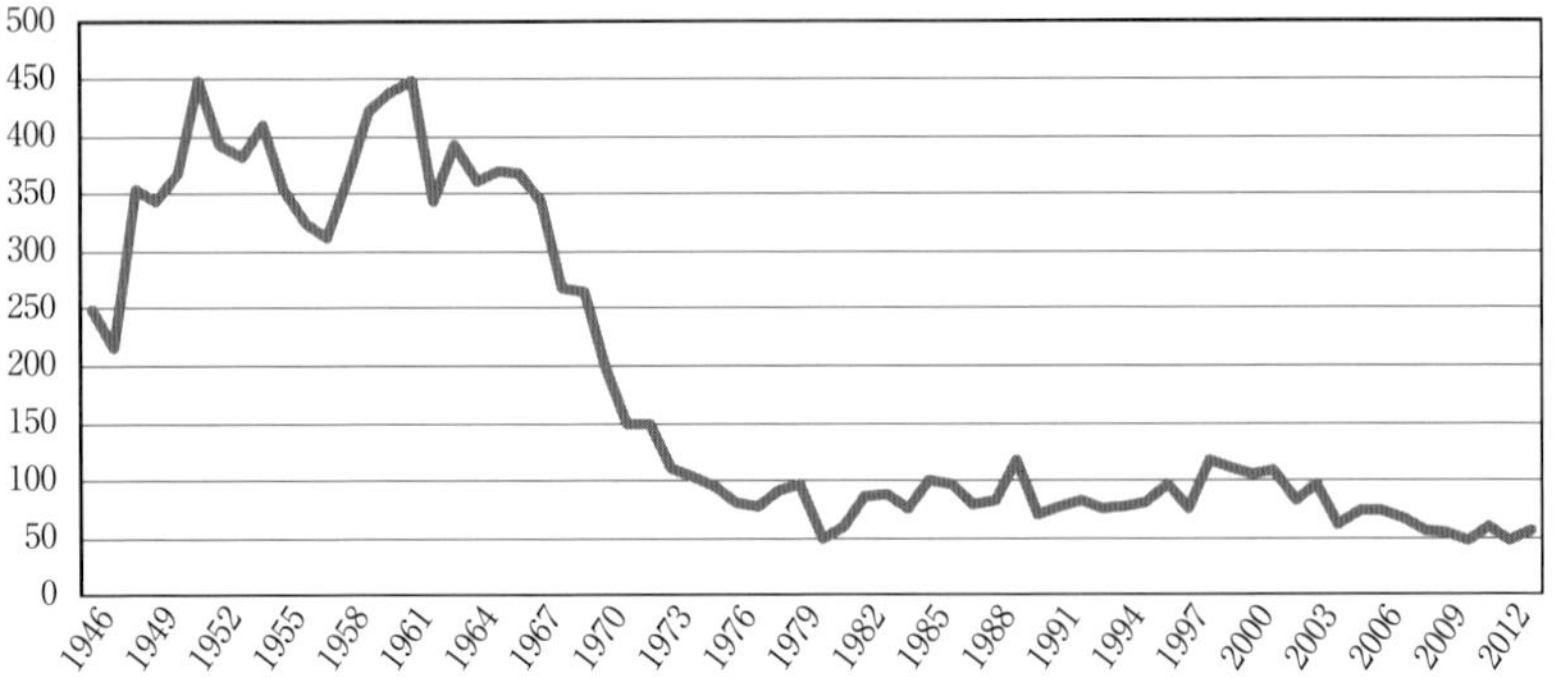

表 1　少年刑法犯検挙人員・殺人（法務省法務総合研究所『犯罪白書』より作成）

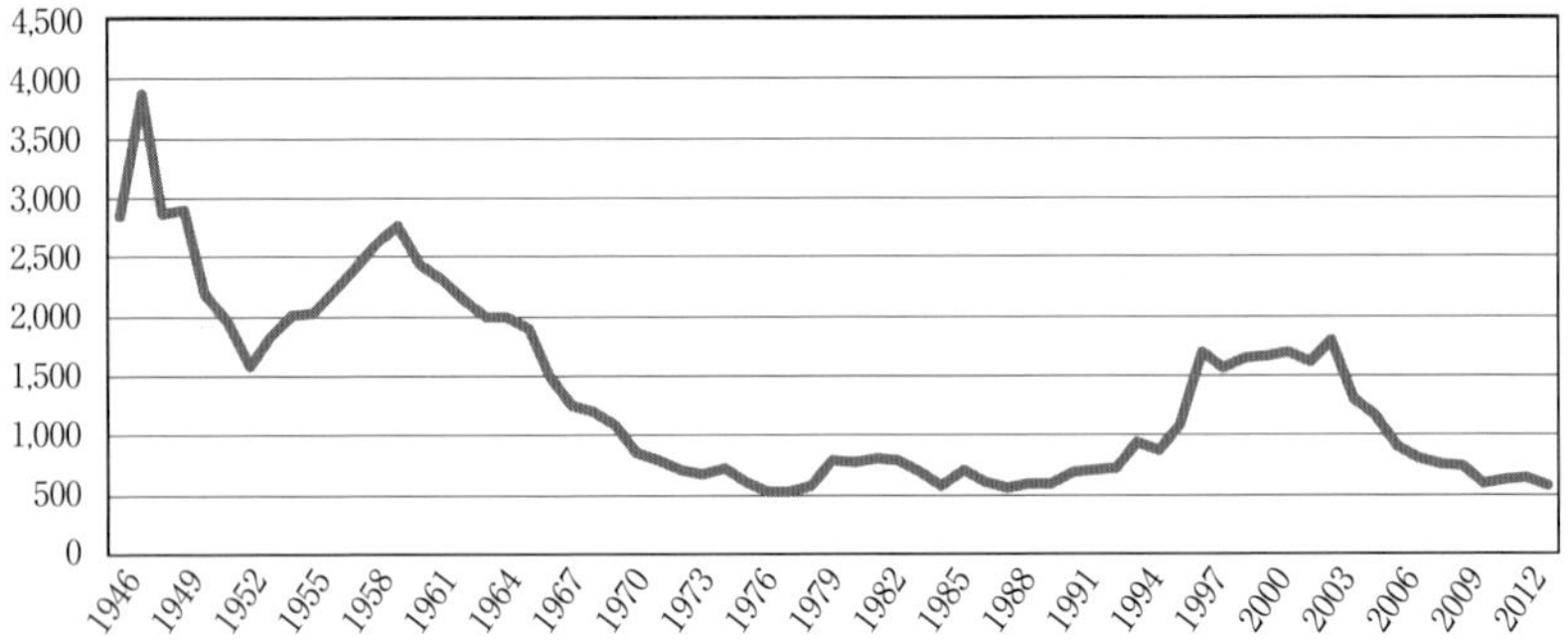

表 2　少年刑法犯検挙人員・強盗（同上）

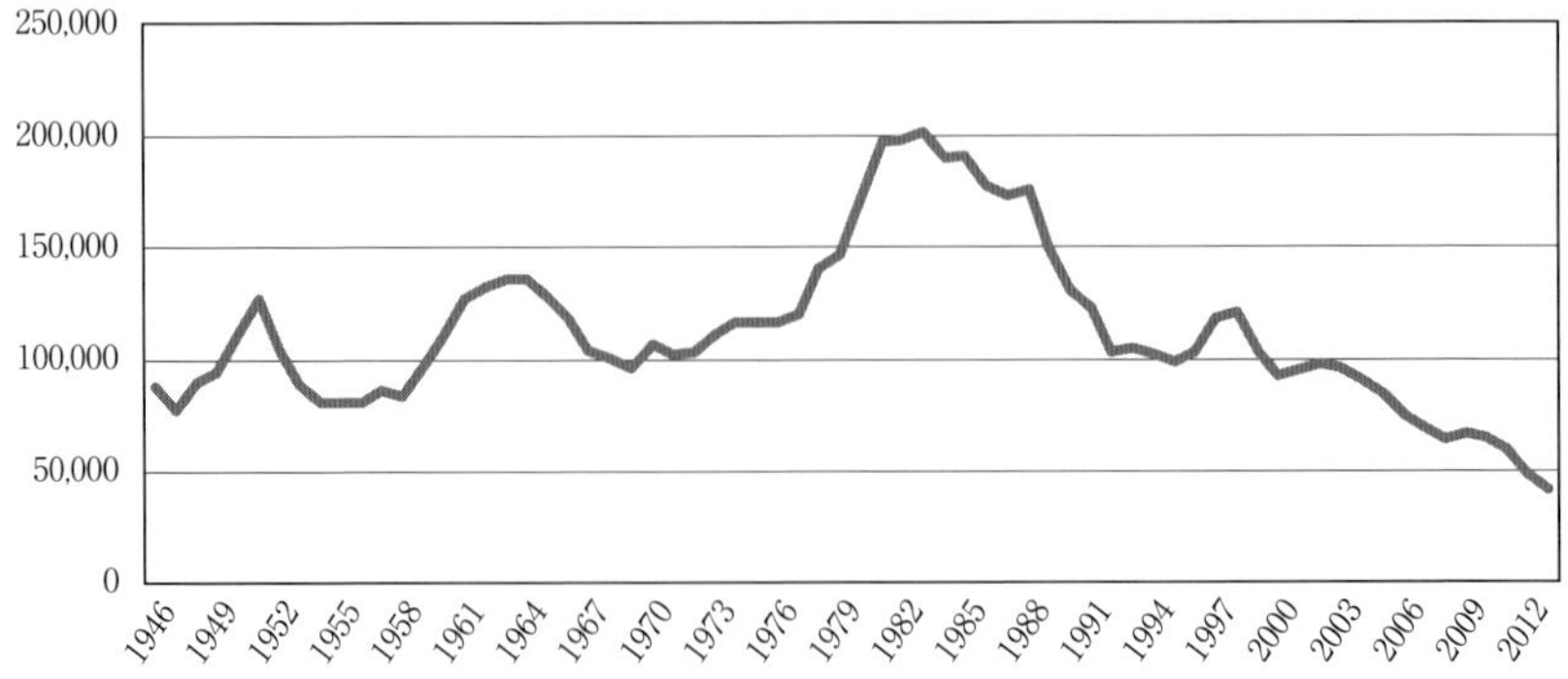

表 3　少年刑法犯検挙人員・窃盗（同上）

（3）窃盗

表3をみてほしい。少年による窃盗は、一九八三（昭和五八）年の二〇万二〇二八人がピークであり、それ以降は減少傾向にある。本書執筆時に確認できる最新データは二〇一三（平成二五）年のものであるが四万一三九〇人となっており、ピーク時のおよそ五分の一となっている。

こうした傾向を確認するならば、凶悪な少年犯罪は減っており、メディアで印象づけられる子どもたちが凶悪化しているかのようなイメージが必ずしも正しいものでないことがわかる。万引き・自転車盗・オートバイ盗が中心を占める窃盗も今世紀に入って悪化している様子はない。以前との比較において今の子どもたちがとりわけ問題を抱えているわけではない。このような言い方をすると、いじめの問題を引き合いに出す者がいるが、いじめについての調査が行われるようになった一九八〇年代以降とそれ以前を比較する術《すべ》はなく、よく耳にする昔はいじめなどなかったというような言説など根拠が極めて乏しいものと言わざるをえない。漫画家の手塚治虫は自らが受けたいじめを告白しているし(2)、いじめが社会問題化する以前から人気のある藤子不二雄の漫画「ドラえもん」でも、ジャイアン・スネ夫・のび太はいじめの加害者・観衆・被害者として描かれてきた。

それにもかかわらず、今を生きる子どもたちの行為や心の在り方をメディアが伝えるイメージから必要以上に問題視し、抑圧的な管理・指導を徹底したならば、子どもたちはその息苦しい学校生活から大きなストレスを抱えることになりかねない。こうしたことが不登校や犯罪をかえって誘発しかねないことにも留意する必要がある。誤解してほしくないのは、子どもたちの抱える問題を放置しておいてよいといっているわけではないということである。過剰反応して必要以上の介入をし、子どもたち自身で克服すべき成長の契機を根こそぎ奪い取ってしまってはならないことを指摘したいのである。

第二節　少年法と非行少年の処遇

未成年の問題行動に対応する法令といえば、その筆頭が**少年法**（昭和二十三年七月十五日法律第百六十八号）である。少年法制定の主旨は、第一条にあるように、「少年の健全な育成を期し、非行のある少年に対して性格の矯正及び環境の調整に関する保護処分を行うとともに、少年の刑事事件について特別の措置を講ずること」にある。ここでいう「少年」とは未成年者を指し、男女共に含まれる。少年法では、第三条をみていただけるとわかるように**非行少年**を三種に分ける。「一　罪を犯した少年」（**犯罪少年**）、「二　十四歳に満たないで刑罰法令に触れる行為をした少年」（**触法少年**）、「三　次に掲げる事由があって、その性格又は環境に照して、将来、罪を犯し、又は刑罰法令に触れる行為をする虞のある少年」（**虞犯《ぐはん》少年**）、である。この最後の「虞犯」というカテゴリーが少年非行のもっとも大きな特徴である[3]」といわれる。成人であれば罪を犯す虞《おそれ》があることだけで法的強制措置がとられることはないが、少年であれば事情が異なる。先に触れた少年法第三条の三にある虞犯少年の条件「次に掲げる事由」とは、「イ　保護者の正当な監督に服しない性癖のあること。」「ロ　正当の理由がなく家庭に寄り附かないこと。」「ハ　犯罪性のある人若しくは不道徳な人と交際し、又はいかがわしい場所に出入すること。」「ニ　自己又は他人の徳性を害する行為をする性癖のあること。」の四つである。実際に罪を犯したわけではないこの虞犯少年も、法的強制措置の対象になるのである。

少年法がたびたび改正されるので非行少年の処遇も変化するが、現段階では事件を起こした子どもないしは未成年者がどのような取り扱いを受けるのか、極端なケース（強盗殺人）としばしばあるケース（万引き）を取り上げ、みていきたい。わかりやすさを優先して例示したいと思うが、状況の違い等で異なった処置を受ける場合もあるので、参考までにということでご覧いただきたい(4)。なお、あらゆるケースに触れる余裕はないので、ここで取り上げるケースを参考にあとは法令や事例などを調べるなどして学習を進めてほしい。

○ケース1〈一三歳の中学生男子が強盗に入り幼児を含む三人を殺害した（成人であれば死刑相当）〉

刑法第四十一条に「十四歳に満たない者の行為は、罰しない。」とある。すなわち、一四歳未満である一三歳では、強盗殺人のような重大事件を起こしても、それは犯罪としては扱われない。したがって、「犯罪少年」とは呼ばれず先にみたように「触法少年」と呼ばれる。基本的には**児童相談所**が対応することになる。このケースのように重大事件の場合は児童相談所から**家庭裁判所**に送られることになるであろうが、児童相談所の判断にしろ家庭裁判所の審判にしろ**児童自立支援施設**に入所させられることになるであろう。なお、一四歳未満であるならば以前は審判で**少年院**送致になることはなかったが、二〇〇七（平成一九）年の少年院法改正で少年院送致の対象年齢が「おおむね十二歳以上」となり、現在ではこの一三歳の事例では少年院送致になると考えられる。

○ケース2〈一五歳の中学生男子が強盗に入り幼児を含む三人を殺害した（成人であれば死刑相当）〉

一四歳以上の未成年者であれば、警察等が検挙したあと、殺人のように「禁固刑以上の刑にあたる犯罪」の場合は検察官に送致される。検察官が捜査するなどしてそのあと家庭裁判所に送致される。大人の場合は地方裁判所になるが、未成年の場合はどんな重大事件であっても、まずは家庭裁判所に送られる。

家庭裁判所は必要な調査を始めるが、その過程でこの場合のように重大事件を起こした少年は**少年鑑別所**（「鑑別所」と略称されることがよくある）に収容され、専門家によって精神状態などが調べられることが多い。少年鑑別所と少年院を混同する者がいるが、少年鑑別所は更生施設ではなくあくまでも事件を起こした少年の状態や性格等を見極めるいわば診断機関であり、その診断結果が家庭裁判所での判断の材料となる。

一六歳未満であれば、重大犯罪であったとしてもほとんどが少年院送致という保護処分を受けることになる。少年院は子どもが送られる刑務所のように思っている者がいるが、社会復帰をさせるための矯正教育を施す施設であり、刑罰を執行する機関ではない[5]。なお、二〇〇〇（平成一二）年の少年法改正により刑事責任を問うことのできる年齢がそれまでの一六歳以上から一四歳以上に引き下げられた。そのため、刑事責任を問うために検察官に送り返されるケース（次項で詳述する）がごくわずかではあるがみられるようになった。

○ケース３〈一七歳の高校生男子が強盗に入り幼児を含む三人を殺害した（成人であれば死刑相当）〉

逮捕され、警察から検察官へ、検察官から家庭裁判所へ、という流れはケース２と同様である。ケース２のように事件を起こした子どもが一四歳以上一六歳未満であると相当の事件でも少年院送致などの保護処分になるが、一六歳以上であるとその後の処遇が大きく異なってくる。一六歳以上が重大犯罪を犯した場合、少年を家庭裁判所に送致した検察官に家庭裁判所は再びその少年を送り返すことになる。事件を起こした未成年者は検察官から家庭裁判所に送られることが常であるのに、家庭裁判所の方から検察官に通常とは違って送り返すのであるが、その様相を捉えてこれを俗に「**逆送**」という。逆送の意味するところは、未成年者ではあるが成人と同じように地方裁判所で裁かれるべき（すなわち公開で裁かれるべき）と家庭裁判所が判断したということである。一六歳以上が故意に被害者を死亡させた場合は原則検察官送致なので、このケースのように一七歳であれば逆送されることになる。逆送の後、多くは地方裁判所で審判を受けることになるが、このように死刑相当の事件であれば少年法第五十一条第一項に「罪を犯すとき十八歳に満たない者に対しては、死刑をもって処断すべきときは、無期刑を科する。」とあるように処分が緩和されて無期刑が科されることになる。なお、一八歳以上であれば死刑判決を下される場合もある。

○ケース4〈一五歳の中学生女子が万引きをして捕まった〉

もし、成人であれば、一旦警察に通報されたとしても、初犯で弁済も済み店側も穏便に済ませてくれる意向を示していれば、微罪処分（再犯の可能性がほとんどないと思われる者への一種の温情処分）、すなわち警察止まりで事件が終了することが多い。ところが、未成年の場合は全件送致主義（一四歳未満には例外あり）といって、アイスクリーム一つを盗んだだけの初犯であっても事件は家庭裁判所に送られることになる。禁固以上の罪を犯した者であれば、事件が警察から一旦検察官に送られ、検察官から家庭裁判所に送られる。しかし、このように罰金刑以下の罪を犯した者の場合は検察官を経ず、警察から直接家庭裁判所に送られることになる。

この後のことであるが、万引きでも常習性があるのかないのかなどを含め、状況により処遇が異なってくる。家庭裁判所は、まずは審判不開始または審判開始の決定をする（多くは簡易送致で審判不開始となる）。審判を開始した場合は、審判の結果、保護処分にすることができず、またはその必要がないと認める時は、不処分の決定をする。保護処分にする時は、保護観察、児童自立支援施設・児童養護施設送致（一八歳未満の少年に限る）または少年院送致（おおむね一二歳以上の少年に限る）のいずれかの決定を行う。

以上、四つのケースをみてきたが、厳罰化が進み逆送が増えることを憂い、鮎川潤は「家庭裁判所が存在意義を失い、非行少年の矯正教育や更生保護が機能を停止[6]」してしまうのではないかと警鐘を鳴らしている。もちろん厳罰化を積極的に支持する者もいる。こうした議論は法曹界に任せておけばよいという傍観的態度をわたくしたちはとるべきではない。児童生徒の健全育成に中心的に関わっているのは、まぎれもなく学校であり教師なのだから。

おわりに

「非行少年」のほかに警察による補導対象として「不良行為少年」がいる。「非行少年には該当しないが、飲酒、喫煙、深夜はいかいその他自己又は他人の徳性を害する行為（以下「不良行為」という。）をしている少年」（少年警察活動規則第二条第六号）である。非行少年・不良行為少年の健全育成に当然教師も関わるわけであるが、まずは冷静に彼らに対峙《たいじ》する必要がある。偏ったイメージを持って対応するのではなく、実態や状況を適切に捉えたうえで関係を築いていかなくてはならない。警察に頼ることに抵抗を感じていた前世紀の体質を改め、学校は警察を含め関連機関との連携協力を進めている。そのためには非行少年・不良行為少年の関連機関での処遇を理解しておく必要があるし、法令等の改正の動向にも関心を払っておく必要がある。

（1）広田照幸・伊藤茂樹『教育問題はなぜまちがって語られるのか？「わかったつもり」からの脱却』日本図書センター、二〇一〇年、六頁。

（2）手塚治虫『未来人へのメッセージ』岩波書店、一九八六年。

（3）鮎川潤『少年非行　社会はどう処遇しているか』左右社、二〇一四年、一二頁。

（4）法務省法務総合研究所編『犯罪白書　女子の犯罪・非行　グローバル化と刑事政策』（平成25年版）、日経印刷、二〇一三年、九五〜九七頁を参照のうえ作成。

（5）二〇一五（平成二七）年五月までは少年院には次の四種類があった。初等少年院（心身に著しい故障のない、おおむね一二歳以上おおむね一六歳未満の者を収容する。）、中等少年院（心身に著しい故障のない、おおむね一六歳以上二〇歳未満の者を収容する。）、特別少年院（心身に著しい故障はないが犯罪傾向の進んだ、おおむね一六歳以上二三歳未満の者を収容する。ただし、一六歳未満の少年院収容受刑者も収容できる。)、医療少年院(心身に著しい故障のある、おおむね一二歳以上二六歳未満の者を収容する。)。二〇一五(平成二七)年六月から改正少年院法の施行に伴い、次の三種類に区分された。第1種少年院(従来の初等少年院と中等少年院に相当)、第2種少年院(従来の特別少年院に相当)、第3種少年院(従来の医療少年院に相当)、第4種少年院(刑の執行を受ける者を収容)。

(6)鮎川潤、前掲書、一二八頁。

第12章　問題行動とカウンセリング

桂　瑠以

はじめに

今日、学校において児童生徒が抱える問題には、いじめ、不登校などの深刻な問題が依然多くみられる。また学校外でも、非行、暴力行為などの問題が発生しており、学校だけでは実態が把握できないケースも多く、教育関係者のみならず、保護者、地域・社会が連携して対応を行っていくことが急務である。こうした問題行動への対応にあたって、児童生徒の心情や問題行動の背景要因を理解していくために、学校カウンセリングという概念が普及している。また、カウンセリングマインドという言葉も強調されているが、その実態は不明瞭な部分が多く、カウンセリングに関する理解も十分とはいえない。そこで本章では、教育と関連の深い問題行動に焦点をあて、これらの特徴や支援・指導の在り方について考えていく。

第一節　問題行動の理解と対応

教育現場で生じる問題行動について、個々の実態や規定要因を理解することは、支援・指導を行う上でも重要と考えられる。そこで以下では、いじめ、非行、不登校、自殺などの主な問題行動の特徴や心理的背景、これらの問題行動への支援や対応について簡単に把握していきたい。

いじめ

いじめは必ずしも一律に定義されているわけではないが、文部科学省の二〇一三（平成二五）年「児童生徒の問題行動等生徒指導上の諸問題に関する調査」の定義によれば、「児童生徒に対して、当該児童生徒が在籍する学校に在籍している等当該児童生徒と一定の人的関係のある他の児童生徒が行う心理的又は物理的な影響を与える行為（インターネットを通じて行われるものを含む。）であって、当該行為の対象となった児童生徒が心身の苦痛を感じているもの。」とされている。この定義は、個々の行為がいじめに当たるか否かの判断を表面的・形式的に行うのではなく、いじめられている児童生徒の立場に立って行われている点に意義があると考えられる。

また、いじめには多種多様な形態があり、それらを分類すると、殴る、叩《たた》く、蹴るなどの**身体的攻撃**、無視する、仲間外れにするなどの**社会的攻撃**、からかい、悪口を言うなどの**言語的攻撃**などが挙げられる。こうした多様な攻撃行動が、繰り返し、複数の相手から一方的に加えられることにより、被害者は深刻な苦痛を受け、そうした被害経験は、長期にわたって被害者の心身に悪影響を及ぼす危険性がある。

いじめが被害者の心身に及ぼす影響としては、自尊心・自信の低下、活動性の低下、人間不信、孤立感、引きこもり、ストレス反応といった様々な心身症の症状が生じることがある。特に親しい友人間でのいじめは、被害者に深刻な影響をもたらすものである。友人グループ内でのいじめは、とりわけ中学生女子において多くみられるが、この時期の女子の友人グループは、排他性が強く、心理的に密着した友人関係を形成する傾向があるため、こうした友人関係の在り方が反映されているとも考えられる。また友人グループ内でのいじめは、教師や保護者などの周囲の目が届きにくく、被害者、加害者が友人グループに含まれているため、本人も周囲にいじめを訴えにくいことから、深刻化しやすい。

このように、いじめは被害者に深刻な影響を及ぼす可能性があり、さらに、いじめが引き金となって、不登校や学力低下、自殺、学級崩壊などの問題行動につながることもあり、被害者だけでなく、それを取り巻く他の児童生徒に及ぼす影響も大きいものと考えられる。森田洋司・清永賢二《きよながけんじ》は、いじめの構造について検討しており、被害者、加害者に加えて、はやしたてたり、面白がったりして見ている観衆、見て見ぬふりをする傍観者という四層構造が指摘さ

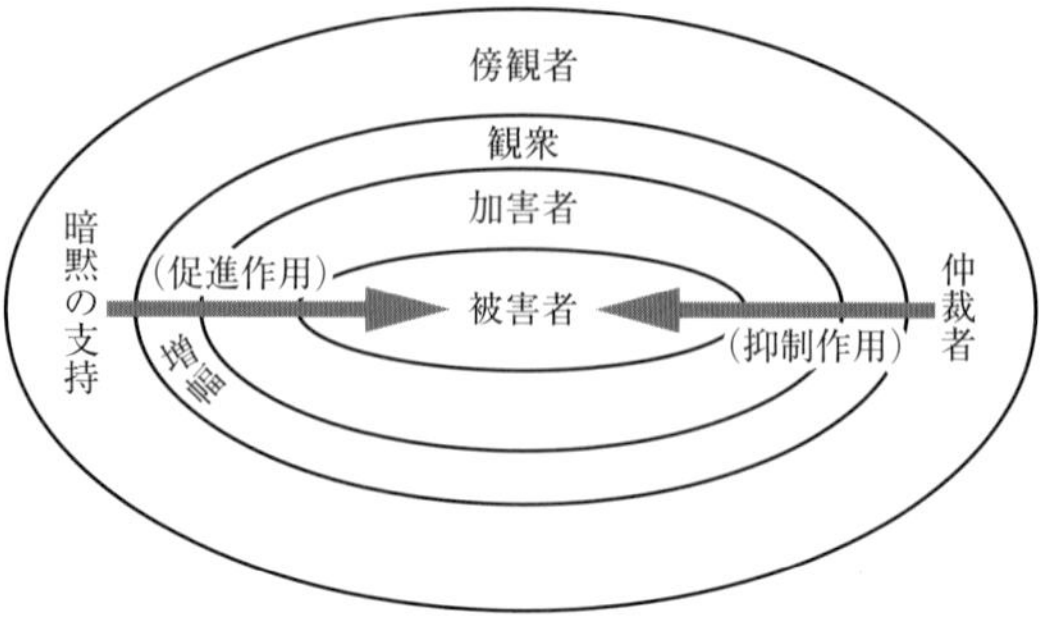

図 1　いじめ集団の構造
森田洋司・清永賢二『いじめ　教室の病い　新訂版』金子書房，1994 年，51 頁をもとに改変

れている[1]（図 1）。このうち、観衆はいじめを積極的に是認し、傍観者はいじめを黙認し、促進する役割を担っており、こうした役割が被害者に及ぼす影響も看過できないものと考えられる。また日本のいじめの特徴として、諸外国に比べ、傍観者が多く、反対を主張する子どもが少ないため、いじめが陰湿化、深刻化しやすいことが指摘されている[2]。これは、学級などの集団の中でいじめに反対すると、逆に自分がいじめられるかもしれないという同調への圧力が働き、反対を主張しにくくなることが一因と考えられる。

また、いじめ防止の一助として、加害者の心理についても研究されている。それによれば、加害者の特性として、社会性や共感性の低さ、ストレスや攻撃性の高さ、衝動コントロールの未熟さ、排他性、異質性、いじめの正当化、心理的な不安定さなどが挙げられる。またこれらの個人内要因を踏まえて、児童生徒の社会性を育成し、円滑な人間関係を形成するように働きかける教育も行われている。ただし、いじめの加害者が総じて道徳性が低いわけではないという指摘もみられ、道徳性を高めることが必ずしも十分な抑止につながるとはいえないことにも留意する必要があるだろう。一例として、自身が被害者となることを回避するためにいじめに加わる場合や、同調行動へのプレッシャーといった他の要因の影響も挙げられる。また、学級集団のストレスが高まることで攻撃行動が促進され、いじめという形で発散される可能性も考えられる。特に進学・進級を控えた時期にいじめが増加する傾向がある[3]ことからも、いじめがストレスのはけ口になっている可能性もあるだろう。

このように、いじめは様々な要因が複合して生じる問題行動であり、加害者や被害者の特性のみに原因を帰属させるのではなく、その背景にある他の要因も踏まえて、いじめを防止する包括的な対応が必要と考えられる。

いじめへの対応

次に、これらのいじめに関連する要因を踏まえ、いじめへの対応を考えていきたい。実際の対応はケースによっても異なるが、ここでは基本的な対応について、いじめ防止、いじめ発生時、終息後に分けて述べていく。

第一に、いじめの発生を防止するにあたって、日頃の児童生徒の様子をよく観察することが基本と考えられる。児童生徒の様子や、ちょっとした変化を把握することで、いじめを早期に発見し、問題が深刻化する前に抑止することが重要である。またいじめや対人関係について、道徳や総合的な学習の時間などの授業内での指導や、ホームルームや個人面談などの課外での指導を通じて、学校全体で「いじめは許されない行為である」という基本方針を提示していくことも重要であろう。それにより、児童生徒が主体的にいじめを防止するように働きかけていくことが望まれる。

第二に、いじめ発生時の対応として、いじめの加害者、被害者等への個別対応を速やかに行うことが挙げられる。その際には、双方からの事実確認や聞き取りの徹底、スクールカウンセラーや専門医等による心のケアも考慮する必要がある。いじめの被害者への対応においては、共感的理解に基づく指導・援助を中心に行い、加害者への対応においては、加害者自身が問題点に気づき、改善できるよう、自分を変える能力を育成するような指導が必要と考えられる。また、傍観者や観衆への指導もあわせて行い、「いじめを見て見ぬふりをすることも、いじめに加わっている」という規範意識を育成して、学校全体でいじめを許さない校風を作っていくことも重要である。さらに、保護者への事実説明や、家庭との連携のもとに、いじめを抑止するよう、保護者にも協力を求めながら対応していく。

最後に、いじめが終息した後も、教育相談や学級指導を継続して、卒業時まで指導を行っていく必要がある。日本のいじめは、学級内で一つのいじめが終息しても、また別のいじめが発生するケースが多く、いじめの被害者、加害者などの役割転換が生じやすいという特徴もある。こうした問題を防止するために、いじめが終息しても校内巡回や教室の様子を見守り、声かけを続けていくことが必要と考えられる。

非 行

水島恵一は、日本における**非行**の変遷を明らかにしており、非行の発生率は、一九五〇年代から何度かにわたって波がみられ、それに従って、非行の実態も変容していることが指摘されている(4)。それによれば、かつては、非行は一八歳以上の年長少年による割合が高く、貧困を背景とした窃盗、強盗などが多くみられたが、その後、恐喝、傷害などの粗暴犯や、性犯罪・暴力犯罪の増加に加え、動機や目的が曖昧な無気力型の非行がみられるようになった。そして一九七〇年代以降には、一四～一五歳の年少少年による非行の割合が急増し、非行の低年齢化が指摘された。また、万引き、暴走族などの遊び型非行が多くみられ、校内暴力も増加した。

藤田宗和によれば、一九九〇年代後半には、それまで見られた非行のタイプとは異なる「いきなり型」と呼ばれる非行が増加したことが指摘されている(5)。いきなり型の非行は、それまで非行行為やそうした兆候がみられなかった子どもが、突然衝動的な非行行為を行うものであり、いわゆる普通の子どもが突如としてキレることにより、重大な非行に及ぶ危険性があるとされる。

次に、非行と関連する心理的要因について考えていきたい。まず、個人要因として、法務省の調査によれば、非行少年は「何をやってもだめだと感じる」などの自信や達成感、充足感の低さが指摘されている(6)。また、学校生活において疎外感や孤独感を感じるという学校不適応感の高さ、勉強についていけないなどの学業不振も関連するものと考えられる。

また非行行動を精神分析理論の観点から捉えると、非行は、エス、自我、超自我の三者関係のアンバランスに起因すると考えられる（第8章参照）。すなわち、自我や超自我の発達が未成熟で機能が弱いことにより、エスの本能衝動を満たそうとする欲求が高まり、三者の力関係がアンバランスになる結果、非行行為につながるのではないかと考えられる。ドラード（John Dollard）らは、欲求不満が攻撃行動を引き起こすとする「欲求不満－攻撃仮説」を指摘しており[7]、こうした観点からみると、非行行動は個人のパーソナリティ特性とも関連するものと考えられる。

第二に、環境要因として、多くの研究から家庭環境の問題が指摘されている。森武夫によれば、親の不適切なしつけ等による機能不全や、過干渉、放任等の親の態度、両親の不和や家族間の葛藤等の家庭の雰囲気などと非行行動との関連が深いことが指摘されている[8]。これらの家庭環境の問題は、子どもに慢性的な不安、悩み、緊張などをもたらし、それが非行行動を動機づける可能性が考えられる。

さらに、非行集団に所属することで、集団内で密接な友人関係が形成されていき、非行行動が繰り返される可能性も考えられる。このように、親や友人関係をはじめとした対人関係の影響もあることから、環境の見直しや改善の取り組みも再非行を抑制するために重要であると考えられる。

非行への対応

非行への対応として、次のような流れが考えられる。第一に、事実の特定を正確に行うことから始める。事実確認の際は、本人や関係者から事情を聞き取り、できるだけ多方向の視点から情報を収集し、時系列を追って正確に記録していく。一方的な決めつけやラベリングによる事実誤認から、児童生徒や保護者、他の児童生徒の信頼を失うことも多いため、事実確認は慎重に行う必要がある。

第二に、非行の事実を踏まえて、当該児童生徒への指導を行う。その際に、非行の事実だけに着目して叱ったり、再非行をしないように強制するような指導は、あまり効果がないことが多い。特に、何度も非行が繰り返される場合には、行為者の背景や動機を考慮し、教育相談を取り入れた関わり方をしていくことが有効な場合もある。また行為者の非行行為が周囲の児童生徒の非行を誘発したり、行為者が周囲から孤立することで、非行集団との連帯を強めていき、さらに悪質な非行につながることもある。このような悪循環を防ぐために、行為者や周りの児童生徒への指導を行いながら、継続的に働きかけていくことが必要と考えられる。

不登校

不登校は、文部科学省の二〇一三(平成二五)年「児童生徒の問題行動等生徒指導上の諸問題に関する調査」によれば、「何らかの心理的、情緒的、身体的あるいは社会的要因・背景により、児童生徒が登校しないあるいはしたくともできない状況にあること(ただし、病気や経済的理由による者を除く)をいう。」と定義されている。

不登校の捉え方は時代によって異なり、一九六〇年代には、学校にいることに強い不安を抱き、学校を欠席しがちな子どもが目立つようになり、「学校恐怖症」という言葉が用いられた。そして一九七〇〜八〇年代に、学校を恐れるケースだけでなく、自ら登校を拒否するケースも認められるようになり、「登校拒否」と呼ばれるようになった。一九九〇年代になると、学校に行きたい気持ちを持っているにもかかわらず学校に行けない子どももいることから、「登校拒否」という言葉に対する批判が起こり、学校に行かないという状態を表して、「不登校」という言葉が用いられるようになり、今日に至っている。

さきの「児童生徒の問題行動等生徒指導上の諸問題に関する調査」によれば、不登校になったきっかけと考えられる状況として上位に挙がっているものは、「本人に係る状況『無気力二五・六パーセント』『不安などの情緒的混乱二八・一パーセント』『あそび・非行八・四パーセント』」、学校に係る状況『いじめを除く友人関係をめぐる問題一五・〇パーセント』『学業の不振八・八パーセント』」、家庭に係る状況『親子関係をめぐる問題一〇・九パーセント』」などが指摘されている。

さらに不登校と関連する個人要因としては、学力・体力・運動能力の低さ、自尊感情・人への信頼感などの性格、こだわりの強さ、得意・不得意や好き・嫌い、発達上にみられる問題、睡眠時間・食事などの日常生活にみられる問題などが挙げられる。また環境要因としては、家族構成、保護者の性格・教育方針、親子関係、夫婦関係、経済状況、兄弟関係などの家庭環境の問題、友人関係、教師との関係などの人間関係の問題、学習状況、授業中や休み時間の活動、課外活動などの学校生活全般における学校環境の問題などがある。不登校の原因は、こうした多様な要因が複雑に絡み合っているため、一律した不登校への支援を提供することは困難であり、個別の状況に応じた対応が必要と考えられる。

不登校への対応

不登校への対応においては、児童生徒本人への支援はもちろん重要であるが、家族や学校、教師への支援なども必要となる場合が多い。そこで、ここでは、それぞれの立場で、どのような支援が必要かを述べていく。

第一に、当該児童生徒への支援においては、本人が置かれた状況を理解し、本人のニーズを知って、それに基づいて指導を行っていくことが重要である。中には、本人が学校や教師と関わりをもちたがらない場合もあるため、不登校の解決を始めから急がず、まずはカウンセリングや家庭訪問などの機会を用いながら、本人との関わりがもてる活動を探していくところから取り組んでいくことも有用と考えられる。そして関わりを継続しながら、本人のペースやニーズを受け止め、状況を改善する方法を一緒に探っていく。

第二に、家族への支援も重要と考えられる。家族にとっても、子どもの不登校は大きな問題であり、子どもの様子や勉強面、学校に復学できるのかなどの様々な不安や葛藤が生じる。そうした親の気持ちを共感的に受け止め、支援していくことで、親の気持ちも落ち着き、それによって子どもも落ち着いていくこともある。また、子ども本人の問題というよりも、家族がより大きな問題を抱えている場合もあり、そうしたケースでは、家族療法（第8章参照）の視点に立って、家族全体を対象にカウンセリングなどを行っていく。このように、不登校の子ども本人だけでなく、親や兄弟関係などの家族の状態を理解し、家族全体を支援していくことが問題の改善につながっていくと考えられる。

第三に、学校や教師への支援も重要であり、とりわけ不登校の児童生徒を担任している教師は、喪失感や無力感、自責の念など様々な感情を抱え、教員集団からの孤立やバーンアウトにつながる場合もある。そのため、日頃から教師間での支援体制を作り、問題が生じた際に、担任教師が一人で抱え込まずに教員チームによって支援を行うことが必要と考えられる。また、複数の教師やスクールカウンセラーといった様々な視点から、児童生徒の特性、問題などを捉え、それらの見方や立場を認め合うことで、本人の理解をより柔軟で全体的なものにしていくことができる。そしてそれにより、学校内での連携が高められ、支援の幅も広がっていくと考えられる。

自　殺

日本の自殺者数は、近年減少傾向にあるが、諸外国と比較しても多く、社会問題の一つとして捉えられている。日本では、成人期から老年期にかけての自殺率が高く、中高年の自殺防止の対策が講じられているが、それに比べて子どもの自殺防止に対する関心は必ずしも高いとはいえない。しかし、子どもの自殺未遂者は多く、自殺未遂の繰り返しが**自殺**につながる可能性もある。また自殺未遂が子どもの生涯に及ぼす影響は大きいものであり、看過することができない問題と考えられる。

文部科学省では、平成二〇（二〇〇八）年度から「児童生徒の自殺予防に関する調査研究協力者会議」を開催し、平成二一年三月に「教師が知っておきたい子どもの自殺予防」を取りまとめている。(9)「児童生徒の自殺予防に関する調査研究協力者会議」の報告によれば、自殺と関連が深い要因として、いじめをはじめとするストレスや悩み、孤立・抑うつ、衝動性、反社会的行動などの性格傾向、うつ病、統合失調症、パーソナリティ障害などの病理、家庭の問題、勉強疲れ、進路問題、不登校・引きこもり、喪失体験などが挙げられる。したがって、このような背景を複合的に捉え、自殺を未然に防ぐためにどのような対策が必要かを検討していく必要がある。

また第4章でもふれたように、青年期は、自我同一性（アイデンティティ）の確立という発達課題に取り組む時期であり、その過程で心身が不安定になりやすい。また青年期は、他者の評価に敏感であり、対人関係における悩みや葛藤を抱きやすく、孤独感や不安を感じやすい時期でもある。こうした発達上の特徴からも、青年期の子どもは、情緒的な問題を抱えやすく、それらの問題がこじれると自殺につながる場合もあるものと考えられる。

自殺への対応

子どもの自殺防止に向けた取り組みとして、以下のような対応が挙げられる。まず、日頃から、子どもの様子をよく観察し、自殺の兆候やサインを見逃さないことが重要である。例えば、突然態度や行動が変化した、自殺をほのめかす言動がみられた、自傷行為に及んだなどのサインがみられたら、担任や学年主任、教育相談係、スクールカウンセラーなどの関係者間で速やかに情報共有を図り、慎重に判断や支援を行うようにすべきである。とりわけ自傷行為は自殺と関連が深く、多量服薬、手首自傷（リストカット、アームカット）などの行為は、それ自体では死に直結しない場合もあるが、適切なケアを受けないと、自傷行為を繰り返して、自殺が現実のものとなる危険性が高い。したがって、自傷行為がみられた場合は、関係者間で連携をとりながら働きかける必要がある。

また、教師が自殺に関する実態を把握し、正しい知識をもつことも重要である。一例として、研修や報告会などを継続的に行い、自殺の危険因子、自殺の兆候がみられた際の対処方法などについて理解を深めることで、いざというときに迅速な対応がとれるようになると考えられる。

「児童生徒の自殺予防に関する調査研究協力者会議」の報告によれば、自殺への対応は、自殺を未然に防ぐための日常の予防教育などの「予防活動」、自殺の危険に早く気づき対応する「危機対応」、不幸にして自殺が起きてしまったときの「事後対応」の三つの段階に分けられる。(10) 予防活動の一例として、生命の尊重、生と死に関する意識などの自殺予防教育、メンタルヘルスやストレスマネージメントなどの心身の健康に関する教育、自殺予防のための教育相談的関わりなどが挙げられる。危機対応では、自殺の兆候の早期発見、自殺未遂への対応がメインとなり、対応にあたっては、カウンセリングなどによる心理的支援が必要となる。さらに事後対応においては、当該児童生徒の人権やプライバシーに配慮しつつ、周囲の児童生徒や保護者への支援を行う。その際に、不安や混乱を低減させるためにも、教師間で連携をとり、一貫した事実の伝え方や対応を行うことが求められる。

第二節　問題行動への支援・指導

前節では問題状況ごとに、その実態と対応についてみてきた。問題行動には原則的に個別の対応が求められるが、その背景や指導方法には共通する部分もある。そこでここでは、問題行動全般への対応において必要とされるカウンセリングの概念や、教師とカウンセラーの役割の違い、それを踏まえた連携の必要性について考えていきたい。

カウンセリングの導入とカウンセリングマインド

教育現場へのカウンセリングの導入は、一九五〇年代からとされる。近藤邦夫によれば、この時期には、非行、いじめなどの問題行動の増加を背景に、生徒の心の理解や対応にあたり、カウンセリングの考え方を教育現場に取り入れようとする風潮が生まれ、教師によるカウンセリングの必要性が論じられるようになった[11]。

また文部省が一九六五（昭和四〇）年に公刊した『生徒指導の手びき』には、カウンセリングという用語こそないものの、「無条件的尊重」「共感的理解」等のカウンセリング理論に基づいた内容が記され、学校カウンセリングの効果も多数報告された。ここから**学校カウンセリング**という言葉が普及するようになったが、これは一般の教師がカウンセリングの知識や技法を習得することで、生徒の心を理解するという試みであり、教師がカウンセラーと同様の役割を担うことを期待するものであった。その後、一九八〇年代には「カウンセリングマインド」という言葉が広がり、学校カウンセリングがさらに推し進められていった。

カウンセリングマインドは、一九九七（平成九）年の教員職員養成審議会・第一次答申において、教員に求められる資質の一つとして挙げられている。文部省によれば、カウンセリングマインドとは、「①単なる技法を越えた人間としての在り方を問題にしていること。②理解し、理解される教師と生徒との人間関係をつくることを大切にすること。③児童生徒の自主性・自発性・自己決定力を尊重し、これらを伸ばすための援助としての姿勢を大切にすること」とされている[12]。これはやや抽象的な概念ではあるものの、教師が生徒と関わる際の基本的な態度として、生徒を受容し、共感的態度で接することの必要性を論じているものと考えられる。

このように学校カウンセリング、カウンセリングマインドという概念は、教育現場でも重視されてきたが、カウンセリングの考え方と教育とは、機能上異なる部分も多い。すなわち、教師は主に教科教育と生徒指導を行い、その成果を評価することを目標とするのに対して、カウンセラーは主に心身の健康を維持し、自己実現を目指すための支援を行うことを目標とするという違いが挙げられる。こうした違いを踏まえ、一九九五（平成七）年に「スクールカウンセラー活用調査研究委託事業」として、**スクールカウンセラー**が導入された。これにより、学校において教師とスクールカウンセラーがそれぞれに役割を分担し、協働して対応にあたる体制が構築され、現在に至っている。

そこで以下では、教師、スクールカウンセラーのそれぞれの役割についてふれていくことにする。

教師の役割

まず、教師の支援・指導方法や手続きをみていく。文部科学省の報告によれば、教師の行う教育相談は、原則的に学校における日常生活の場で、いつでも、どこでも、誰でも相談できることが特徴として挙げられる。例えば、休み時間、放課後、授業中など、相談に応じて様々な場が活用できるため、柔軟な対応が可能となる。また相談への対応として、個人へのアプローチだけでなく、学級や学校全体での取り組み、家族や友人への働きかけなど、多様なアプローチを行うことができるため、相乗的な効果が期待できる(13)。アプローチは相談内容によっても異なるが、教師の支援・指導方法の手続きとして、おおよそ次のような流れが想定される。

① 信頼関係の構築・相互理解

教育相談の基盤は、教師と生徒の間の信頼関係である。日頃から教師への信頼感が高ければ、問題を抱えたときもすぐに相談することができ、教師も迅速に対応することができる。そのため日常の教育活動の中で、生徒との信頼関係を構築していくことが重要と考えられる。

② 児童生徒の悩みを聴く

児童生徒が相談をしてきたら、まず困っていることや訴えをしっかりと聴くことが大切である。このときに、批判や意見を言わず、相談者の気持ちに寄り添いながら受容的な態度で話を聴いていく姿勢が必要となる。そして、問題を解決できるように共に取り組んでいきたいという気持ちを伝えて、目標や取り組みを共に考えていくことで、相談者も問題に取り組む意欲がもちやすくなると考えられる。

③ 目標・具体的取り組みを決める

次に、相談者の訴えや希望を聞きながら目標を設定する。その際、本人だけでなく、保護者、他の教師、スクールカウンセラーなどの周囲の人々の意見や希望を尊重することも重要であるため、周囲との連携を密にしていく。全員の希望が一致するのが理想的ではあるが、一致しない場合も多く、その場合はそれぞれの気持ちを確認しながら、相談者にとって最も有益な目標を共に考えていく。目標が設定されたら、それに向けた具体的な取り組みを決める。この際も、本人の気持ちやペースを尊重しながら、周囲との連携を取り、それぞれができる支援を行っていく。

④ 実行・評価・改善

取り組みを実行した後、目標が達成できたか評価を行い、必要であれば目標や取り組みの改善を行って、再度実行していく。この際、達成可能な取り組みを、小ステップで少しずつ行っていくと、本人の達成感が高まり、自信をもちやすくなる。目標が達成できた場合は、次の目標を設定し、③〜④を繰り返しながら、小さな変化から大きな変化へとつなげて、問題解決を目指していく。

こうした手続きの中で重要なのは、相談者の気持ちを受け止め、理解し、励ましながら支援・指導していくことであり、こうした態度は、カウンセリングマインドにつながるものである。また、カウンセリングの理論や技法を取り入れることも有効と考えられるが、教師がカウンセリングを活用する際には、以下の点にも留意する必要がある。

第一に、教師としての専門性が挙げられる。教師の行う教育相談は、あくまでも教育実践の一環である。したがって、教師はスクールカウンセラーではなく、教師としての専門性を尊重して、教育相談を行うことが重要である。その上で、カウンセリングの理論や技法を応用し、多様な教育活動の中に取り入れていくことにより、教育活動の幅を広げ、学校で生じる問題行動に対してより柔軟に対応できる可能性があると考えられる。

第二に、**ラベリング**の問題が挙げられる。ローゼンタール（Robert Rosenthal）とジェイコブソン（Lenore Jacobson）の研究によれば、教師が生徒に対する思い込みや先入観をもつことで、生徒の学業成績や行動に影響が及ぼされる可能性があることが指摘されており、こうした影響は**ピグマリオン効果**と呼ばれている。[14] このことからも、教師や周囲の人々が特定の児童生徒に、問題行動を起こしやすいというラベリングを行うことで、本人の自己意識に影響を及ぼし、問題行動が実行されやすくなる可能性が考えられる。その結果、周囲の人々はさらにラベルを強化するという悪循環が生じる危険性があるため、日頃からこうしたラベリングを行っていないか内省していく必要がある。

スクールカウンセラーの役割

次に、スクールカウンセラーの役割について考えてみたい。スクールカウンセラーは、主に配置された学校の児童生徒、教師、保護者などからの相談を担当する。相談内容は多岐にわたるが、生徒からの相談として「友人関係」「教師や学校との関係」「家族関係」、教師からの相談として「生徒指導」「保護者との関係」「学校組織や職場との関係」、保護者からの相談として「子どもの教育」「教師や学校との関係」「家族関係・夫婦関係」などが多い。

スクールカウンセラーの役割は、石隈利紀によれば、①心理教育的アセスメント、②カウンセリング、③教師・保護者へのコンサルテーション、学校組織へのコンサルテーション、④研究、とされている。[15] ①、②については、個別的にアセスメントやカウンセリングを行い、その手続きは、一般的なカウンセリングの手続きを踏まえたものである（カウンセリングの手続きについては第7章参照）。さらに③については、教育相談全体のコーディネーターとして、コンサルテーションを行う必要がある。

コンサルテーションとは、特定の専門性をもった者が、知識や情報を提供し、助言を行うことであり、学校においては、生徒の問題によりよく対処できるように、スクールカウンセラーが教師や保護者などを支援することをさす。

その際には、相談者のニーズや期待に合うような、具体的、効果的な情報提供や助言を行うことが必要となる。一例として、教師・保護者との話し合い、カウンセリングの理論や技法に関する研修会・講演等の活動を通じて、学校内外の連携を図り、子どもを支援するための仕組みや体制を作っていくことなどが挙げられる。

それと同時に、スクールカウンセラーはクライエントの秘密を保持する守秘義務があるため、相談内容の全てを教師や保護者に伝えることはできないが、教師や保護者が心配している内容についての情報交換は可能な限り行い、学校や家庭での支援に生かせるように連携を密にしていくことが必要である。

スクールカウンセラーがコーディネーターとしてどこまで関与するか、学校内外でどのような働きかけを行うかは、各学校の教育相談の在り方によっても異なるが、スクールカウンセラーは主体的に教育現場に参入し、教師や保護者などの教育に関わる人々とチームを作って、協働していく姿勢が求められる。このように、スクールカウンセラーは、カウンセリングに留まらず、コンサルテーションを行い、情報共有と守秘義務とのバランスをとりながら問題に対応していくことが必要とされる。

学校内外の連携

最後に、教育相談における連携について整理する。第一に、学内での連携が挙げられる。生徒が問題を抱えると、特に担任教師が対応に迫られるケースが多く、担任の負担が大きくなりやすい。そのため、担任に指導を任せるのではなく、教育相談担当教員、学年の教員、養護教諭、スクールカウンセラーなどがチームとなって援助を行う学校体制が必要と考えられる。そうすることにより、日常的に複数の視点から児童生徒の様子を捉えることができ、状態や変化に気づきやすくなるという利点もある。また、居心地の良い環境を作っていくには、学校全体で取り組んでいくことが必要である。こうした学内での連携を基盤として、学外との連携へと発展させていくことが求められる。

次に、保護者との連携も不可欠であり、そのためには日頃から信頼関係を築けるように働きかけることが必要である。また、保護者の相談を聴く際は、保護者の子どもへの心情を共感的に受け止め、親子関係を援助するように支援することや、保護者にスクールカウンセラーの情報を提供し、スクールカウンセラーに相談しやすくする配慮なども求められる。

さらに、必要に応じて学外の専門機関との連携を図っていく。問題によっては、家庭や地域社会の問題が複雑に絡み、学校だけでは対応が難しいケースもある。そのため、教育相談所、適応指導教室、医療機関などの学外の専門機関との連携をとり、支援の幅を広げることも重要と考えられる。

おわりに

本章では、まず問題行動ごとに、その実態と対応をみてきた。問題行動の生起には、様々な要因が影響を及ぼしていると考えられるが、大きくは個人要因と環境要因に分けることができる。問題行動を予防・低減させるためには、問題行動の背景を踏まえた包括的な対応が必要であり、教育相談においても、児童生徒や保護者への心理的支援、道徳教育をはじめとした社会性を育む働きかけなどを行っていくことが必要と考えられる。

また、教育現場にスクールカウンセラー制度が導入され、教師の対応においても、カウンセリングマインドが重視されているが、教師とスクールカウンセラーでは立場や役割に違いがある他、現場でのカウンセリングマインドの捉え方も様々な見解があるように見受けられる。たしかに、カウンセリングの概念や理論は、教師の対応にも役立てられる部分を多く含んでいるが、それらをどのように理解し、どのように用いるかが重要であり、今後も教育現場での実践とそこから得られる課題を検討していく必要があると考えられる。

（1）森田洋司・清永賢二『いじめ　教室の病い　新訂版』金子書房、一九九四年。
（2）前掲書
（3）伊東毅「第3章　いじめ現象の原因分析とその克服法について」小久保明浩・高橋陽一編『教育相談論』武蔵野美術大学出版局、二〇〇二年、九四頁。
（4）水島恵一『非行・社会病理学　人間性心理学体系第8巻』大日本図書、一九八七年。
（5）藤田宗和「最近の非行少年の性格特徴及び規範意識について　第3回非行原因に関する総合的調査研究」総務庁青少年対策本部調査報告書、一九九九年。
（6）法務省法務総合研究所研究部「青少年の生活意識と価値観に関する研究　研究部報告46」法務省法務総合研究所、二〇一二年。
（7）J・ドラードほか著、宇都木保訳『欲求不満と暴力』誠信書房、一九五九年。
（8）森武夫『かれらはなぜ犯罪を犯したか　8人の鑑定ノートと危機理論』専修大学出版局、一九九六年。
（9）児童生徒の自殺予防に関する調査研究協力者会議「教師が知っておきたい子どもの自殺予防」文部科学省、二〇〇九年。
（10）前掲報告
（11）近藤邦夫「クライエント中心療法と教育臨床」『こころの科学』第七四号、日本評論社、一九九七年、六四〜六八頁。
（12）文部省「学校における教育相談の考え方・進め方（中学校・高等学校編）生徒指導資料第21集・生徒指導研究資料第15集」大蔵省印刷局、一九九〇年。
（13）文部科学省「在外教育施設安全対策資料　心のケア編　第3章スクールカウンセリング」文部科学省、二〇〇三年。
（http://www.mext.go.jp/a_menu/shotou/clarinet/002/003/010/009.htm）
（14）Rosenthal, R. & Jacobson, L. *Pygmalion in the classroom: Teacher expectation and pupils' intellectual development*, New York: Holt, Rinehart & Winston, 1968.

（15）石隈利紀『学校心理学　教師・スクールカウンセラー・保護者のチームによる心理教育的援助サービス』誠信書房、一九九九年。

第13章　道徳教育と教育相談

大間敏行

はじめに

本章では、道徳教育の視点から教育相談（特に教師によって行われる**学校教育相談**）について考えていく。学校においては、その教育活動全体を通して子どもたちの心を育むことが求められているが、道徳教育や教育相談は特にその課題と正面から向き合うべき領域である。しかしながら、従来の両者の関係は、必ずしも整合性を持った教育活動として機能してきたとは言い難い。今、「**特別の教科　道徳**」（以下、**道徳科**）として大きくその枠組みを変えようとしている道徳教育に着目し、その変化が教育相談にどのような影響を及ぼし得るかを探っていこう。(1)

第一節　道徳教育と教育相談の位相

小中学校段階における道徳教育には二つの側面がある。授業として行われる道徳科（従来のいわゆる「道徳の時間」）と、学校教育全体を通じて行われる道徳教育である。両者の関係と道徳教育の目標について、二〇〇八（平成二〇）年三月に告示され、二〇一五年に一部改正された中学校学習指導要領の総則では以下のように記述されている。

2　学校における道徳教育は、特別の教科である道徳（以下「道徳科」という。）を要として学校の教育活動全体を通じて行うものであり、道徳科はもとより、各教科、総合的な学習の時間及び特別活動のそれぞれの特質に応じて、生徒の発達の段階を考慮して、適切な指導を行わなければならない。

道徳教育は、教育基本法及び学校教育法に定められた教育の根本精神に基づき、人間としての生き方を考え、主体的な判断の下に行動し、自立した人間として他者と共によりよく生きるための基盤となる道徳性を養うことを目標とする。

このように、道徳教育実践の場は道徳科の授業のみで完結するものではなく、「学校の教育活動全体」に及ぶものであることが確認される。

一方、教育相談については、『生徒指導提要』で次のように説明されている。(2)

教育相談は、児童生徒それぞれの発達に即して、好ましい人間関係を育て、生活によく適応させ、自己理解を深めさせ、人格の成長への援助を図るものであり、決して特定の教員だけが行う性質のものではなく、相談室だけで行われるものでもありません。

こちらの説明からも、教育相談の活動が相談室など限定された場所だけで完了するものでなく、あらゆる機会をとらえて行われ得るものであることが理解される。これらの記述から窺《うかが》えるように、教師にとっては、学校生活のなかで子どもと触れ合うあらゆる場面が、道徳教育ないし教育相談の機会となり得るということである。

このように見ると両者が極めて重なり合う教育活動であることを看取できるのであるが、読者のなかには自らの学校体験に即してこのことに違和感を覚える者もいるかもしれない。なぜなら、子どもたちの心情に寄り添うことを出発点とする教育相談に対し、道徳教育には望ましい結論へと子どもを導こうとする、価値誘導的なイメージも根強く存在するからである。小中学校時代に受けた道徳教育のなかで、教師の導こうとする結論に納得がいかなかったり、逆に教師が望むような発言を知らず知らずしていたことを思い出す者もいるだろう。そのような記憶を持つ者にとって、道徳教育と教育相談の間に大きな隔たりがあるように感じられるのも無理はない。

実際、道徳教育に児童生徒を望ましい価値観へと誘導する一面が存在することは確かである。いじめや差別の問題など、どんな結論になっても構わないとは決して言えないテーマを扱うことも道徳教育には求められているからである。しかしその一方で、従来の道徳教育が導こうとした価値のなかには、必ずしも道徳的といえないものが含まれていたのも事実である。この点について、よく知られた「手品師」の教材を事例として確認しておこう(3)。

「手品師」は小学校高学年の道徳の読み物資料として、長年人気を誇ってきた教材である。その物語の概要はこうだ。腕はよいのにあまり売れない手品師がいて、彼の生活は苦しかった。彼はいつも、大劇場のステージに立てる日を願って、腕を磨いていた。そんな彼があるとき、道にしょんぼりとしゃがみこんでいる男の子と出会った。父と死に別れ、母は働きに出たまま帰ってこないというかわいそうな境遇の男の子に対し、手品師は同情し、手品を披露する。元気を取り戻した男の子は、手品師に「明日も来てくれる？」と問いかけ、仕事のなかった手品師は「きっと来るよ」と約束をした。ところがその夜、友人からの電話で状況が一変する。急病で倒れた有名手品師に代わって、大劇場に出られるチャンスを友人が斡旋《あっせん》してくれたのだ。そのステージは明日だという。このチャンスを逃したら大劇場のステージにはもう二度と立てないかもしれない、しかし明日は男の子と約束をした日だ。迷いに迷った手品師は、結局男の子との約束を守ることを決心し、友人からの依頼を断る。翌日、小さな町の片隅で、たった一人の客を相手に素晴らしい手品を披露する手品師がいた——。

教師側がこの資料を通して教えるべき価値は、「誠実に、明るい心で楽しく生活する」(一九九八年、二〇〇八年学習指導要領)ことと決められている。すなわち、最初に男の子とした約束を守った手品師の誠実さや責任感の強さを学ぶことが、児童には期待されているのである。

しかし、この手品師の「誠実」さには疑問符がつく。男の子との約束を守ることは、男の子の境遇の根本的な改善にはつながらず、手品師の自己満足に過ぎないという見方もできるし、友情から仕事を斡旋してくれた友人に対してきちんと事情も説明せずに断ったことはむしろ不誠実な態度である。また、大劇場のステージに立つことを夢見て努力を続けてきた自分自身に対する裏切り、不誠実も挙げられるだろう。いずれにせよ、「誠実」とは何かをめぐっていろいろと考えさせられる教材であるにもかかわらず、授業として教えなければならない「誠実」のあり方が最初から決定されているところに最大の問題点があるといえる。

この「手品師」の物語は教えようとする価値そのものに疑問符のつけられた示唆的な事例であるが、道徳の授業には、望ましい価値へ子どもを導かなければならないと教師が意識する局面は少なからず存在する。そうした場合にどのような方法をとるべきか、従来は教師の〝力わざ〟によって授業をまとめてきた（結論を押し付けてきた）一面もあっただろう。

しかし、教師は道徳教育を担当する一方で、教育相談にも携わらなくてはならない。望ましい価値へ導くことを課題の一つとする道徳教育と、すでに子どもが持っている価値観に共感し、寄り添おうとする教育相談の間に、ジレンマを感じてきた教師も少なくないだろう。両者の整合性をどのように考えるべきかという課題を念頭に置きつつ、次に道徳科の設置が道徳教育にどのような変化をもたらそうとしているかを確認していこう。

第二節　道徳教育の転換――「考え、議論する」道徳へ

これまで学校の道徳教育をめぐっては、小中学校の「**道徳の時間**」が安易に自習やその他の学級活動に置き替えられるなど、各教科と比較して軽視されがちである状況がしばしば指摘されてきた。また授業としての形式も、読み物資料を用いて登場人物の心情を読み取らせることに偏り過ぎ、国語の授業のようになってしまったり、子どもたちの発達段階を十分に踏まえず、わかりきった回答をわざわざ求めたりと、その教育効果に疑問符のつくものも少なくな

かった。

そうしたなか、大津のいじめ自殺事件を直接の契機として、二〇一三（平成二五）年一月に発足した**教育再生実行会議**が同年二月二六日に「いじめ問題等への対応について（第一次提言）」を提出したことを皮切りに、道徳教育の充実方策としての「道徳の教科化」が急速に現実味を帯びてきた。同年三月には、文部科学省において「道徳教育の充実に関する懇談会」が組織され、一二月二六日に「今後の道徳教育の改善・充実方策について（報告）～新しい時代を、人としてより良く生きる力を育てるために～」を取りまとめ、続く二〇一四年十月には**中央教育審議会**から「道徳に係る教育課程の改善等について」が答申された。これらの過程を経て、二〇一五年三月、学習指導要領等の一部改正が実施され、道徳科の誕生へと至った。これから移行措置の期間を経て、小学校では二〇一八年度、中学校では二〇一九年度から、道徳科が実施されることになる。

二〇一四年の中教審答申では、道徳教育の改善方策として以下の六項目が掲げられた。(4)

① 道徳の時間を「特別の教科　道徳」（仮称）として位置付ける。
② 目標を明確で理解しやすいものに改善する。
③ 道徳の内容をより発達の段階を踏まえた体系的なものに改善する。
④ 多様で効果的な道徳教育の指導方法へと改善する。
⑤「特別の教科　道徳」（仮称）に検定教科書を導入する。
⑥ 一人一人のよさを伸ばし、成長を促すための評価を充実する。

道徳教育の枠組みに重大な変更をもたらした①はいうまでもないが、ここで着眼したいのは、④の「効果的な道徳教育の指導方法」に関する部分である。答申は次のように言う。

なお、道徳教育をめぐっては、児童生徒に特定の価値観を押し付けようとするものではないかなどの批判が一部にある。しかしながら、道徳教育の本来の使命に鑑みれば、特定の価値観を押し付けたり、主体性をもたず言われるままに行動するよう指導したりすることは、道徳教育が目指す方向の対極にあるものと言わなければならない。むしろ、多様な価値観の、時に対立がある場合を含めて、誠実にそれらの価値に向き合い、道徳としての問題を考え続ける姿勢こそ道徳教育で養うべき基本的資質であると考えられる。

すなわち今後の道徳教育においては、教師による価値の一方的な刷り込みではなく、「主体性」を持って「誠実」に「道徳としての問題を考え続ける姿勢」こそを「養うべき基本的資質」と定めているのである。この観点からすれば、第一節で挙げた「手品師」の事例のように、手品師の行為が誠実であったと決めつけてかかるやり方は適切ではなかろう。手品師の選択について、何が誠実なのかを「考え続ける姿勢」を児童に指導することが重要となる。

こうした道徳教育観は、改正された小学校学習指導要領中、道徳科の「第3　指導計画の作成と内容の取扱い」における指導に当たって配慮すべき事項の記述に如実に反映されている(5)(傍線筆者)。

(3)児童が自ら道徳性を養う中で、自らを振り返って成長を実感したり、これからの課題や目標を見付けたりすることができるよう工夫すること。その際、道徳性を養うことの意義について、児童自らが考え、理解し、主体的に学習に取り組むことができるようにすること。

(4)児童が多様な感じ方や考え方に接する中で、考えを深め、判断し、表現する力などを育むことができるよう、自分の考えを基に話し合ったり書いたりするなどの言語活動を充実すること。

（5）児童の発達の段階や特性等を考慮し、指導のねらいに即して、問題解決的な学習、道徳的行為に関する体験的な学習等を適切に取り入れるなど、指導方法を工夫すること。その際、それらの活動を通じて学んだ内容の意義などについて考えることができるようにすること。また、特別活動等における多様な実践活動や体験活動も道徳科の授業に生かすようにすること。

（6）児童の発達の段階や特性等を考慮し、第2に示す内容との関連を踏まえつつ、情報モラルに関する指導を充実すること。また、児童の発達の段階や特性等を考慮し、例えば、社会の持続可能な発展などの現代的な課題の取扱いにも留意し、身近な社会的課題を自分との関係において考え、それらの解決に寄与しようとする意欲や態度を育てるよう努めること。なお、多様な見方や考え方のできる事柄について、特定の見方や考え方に偏った指導を行うことのないようにすること。

これに加えて中学校学習指導要領には、（3）で「教師が生徒と共に考える姿勢を大切にすること」、（4）で「生徒が多様な見方や考え方に接しながら、更に新しい見方や考え方を生み出していくことができるよう留意すること」も明記されている。道徳教育に関して、これほどまでに「考える」プロセスの重視が強調された学習指導要領はかつてなかったことである。

一方、道徳には、その社会で一般に承認されている規範の総体としての意味もある。道徳を社会の「規範」として教え込もうとした場合に、道徳教育は「価値観の押し付け」に最も陥りやすい。しかし、この点についても答申は次のように説明する。[6]

もちろん、道徳教育において、児童生徒の発達の段階等を踏まえ、例えば、社会のルールやマナー、人としてしてはならないことなどについてしっかりと身に付けさせることは必要不可欠である。しかし、これらの指導の真《しん》の目的は、ルールやマナー等を単に身に付けさせることではなく、そのことを通して道徳性を養うことであり、道徳教育においては、発達の段階も踏まえつつ、こうしたルールやマナー等の意義や役割そのものについても考えを深め、さらには、必要があればそれをよりよいものに変えていく力を育てることをも目指していかなくてはならない。

「価値観の押し付け」を「道徳教育が目指す方向の対極」であると斥《しりぞ》けた先の記述に加え、ルールやマナーといった社会の中で必ず身に付けなければならない事柄に対しても、「単に身に付けさせる」ことを目的とせず、その「意義や役割そのものについて」「考えを深め」させることが大切だと説明されている。ルールやマナーは不変ではなく、時代や状況の変化に伴って形の変わるものである。子どもたちに身に付けさせたい道徳性とは、無批判にルールやマナーを固守する心ではなく、多角的に物事を見つめ、必要に応じてより良いルールやマナーを創造していくことのできる能力ということになる。

第三節　これからの道徳教育実践と教育相談

道徳教育の方針がこのように明示されたことにより、道徳科における効果的な指導のあり方が今後本格的に模索されていくことになるだろう。その際には、すでに豊かな蓄積を持つ様々な道徳教育の理論や実践が参照されることと思われる。本節では、それらのなかからいくつかを紹介しつつ、改めて道徳教育と教育相談のあり方について考えてみよう。

「価値観の押し付け」を否定し、子ども自身の価値判断を尊重する実践の代表例としては、**価値の明確化**がある。一九六〇年代にアメリカで生まれたこの授業理論は、この世界に「唯一の真の道徳」などは存在しないという**価値相対主義**の立場で貫かれている。授業では、自由に選択すること、自他の選択を尊重すること、自らの選択に基づいて行為すること、その行為を繰り返すこと、などの「価値づけの過程」が段階を踏んで進行する。教師の役割は、価値を子どもたちに押し付けることではなく、彼らが自らの価値を発見できるよう発問を展開していくことにある。[7]

価値の明確化と並んで日本でもよく知られた実践としては、**モラルジレンマ**教材を用いた**モラルディスカッション**がある。第5章で学習した**コールバーグ**によって考案された授業理論で、**ハインツのジレンマ**もその教材の一つである。授業では、道徳的な葛藤状況が描き出された資料を読み解き、自分であればその状況でどちらを選択するか、またそれはなぜかを考え、議論する。子どもたちを道徳的葛藤状況に置き、ディスカッションを通じて自己の考え方を整理させるとともに、より価値的に高い理由づけを獲得させることがねらいである。[8]

ケアリングの視点を道徳教育に活用しようとする動きもある。ギリガン（Carol Gilligan）やノディングズ（Nel Noddings）の研究によって着目されたこの理論は、従来の「正義」や「公正」について論じる倫理学を「父の取り組み方」であるとし、そこに「女性の観点」を取り入れた。道徳的諸原理を中心に据え、それに基づいた行為を正当化するのではなく、現実の個別的・具体的な人間関係のなかで問題解決を目指す立場である。[9] 道徳の授業としては、**ロールプレイング**や**構成的グループエンカウンター**などの方法を応用して実践されることもある。これらの手法は、**開発的・予防的教育相談**の文脈で紹介されることも多く、教育相談とケアリングの思想は親和性が高い。

右に紹介した各理論とそれに基づく実践は、「考え、議論する道徳」を標榜《ひょうぼう》する道徳科の授業においても主要な役割を果たすことが予想される。価値の明確化とモラルジレンマに共通するのは、最初から決まった結論の方へあからさまに子どもたちを誘導するのではなく、子どもたち自身が体験し、頭を悩ませ、解答を発見していくところにある。教師には、彼らがより良い解答に至るためのサポートの役割が期待される。

「考え、議論する道徳」への転換は、個別的な対応を主とする教育相談においてもおおいに刺激となるところがあろう。従来、学校教育相談の実際においては、教師が**カウンセリングマインド**を意識し過ぎるあまり、生徒の立場や主張に共感するだけで終わってしまい、教育相談が子どもの愚痴を聞く時間になっているようなケースも見られた。しかし、共感や受容は教育相談の出発点であってゴールではない。学校はあくまでも子どもたちを成長させる教育の場である。頭ごなしの一方的な押し付けにならないように留意しつつも、子どもたちが抱える課題について、より良い解決を見出せるよう考えを深めさせていくことが必要である。

この点については、道徳教育・教育相談ともに留意しなければならないところがある。子どもたちの主体的な自己形成を尊重するという姿勢は、教師が生徒を一定の方向に導くという教育のあり方自体を否定するものではない。教師は人生の先輩として、少なくとも子どもたちよりは問題の解答あるいは解決に向けたアプローチを熟知した存在である。子どもたちが自分で考えて結論へ至ろうとするその過程を、教師は見守り、必要があれば修正へ向けた援助を行う義務を有する。決して、全ての過程を子どもに丸投げしてよいというわけではない。

先に紹介した価値の明確化理論の授業例から、このことを考えよう。この理論を提唱したラス（Louis Edward Raths）らの著書で取り上げられている、移民問題について討議したアメリカの高校社会科の授業がある。[10] 増加した移民が安い賃金で働くことによって、元からいるアメリカ人が困ってしまうと主張する男子生徒に対し、教師は男子生徒がなぜそのように思うに至ったのかを男子生徒との問答を通して確認する。最終的に男子生徒は、自分の考えが誤解に基づくものであったことに気付くのだが、このとき一連の教師の発問が男子生徒の誤解を解こうとする方向に働いていることに注意しなければならない。移民が問題だと考える男子生徒の（誤解を含む）価値観を、教師はそのままにできなかったということである。価値相対主義を自ら標榜する理論にしてこうした一面のあることは、教育という営みの本質について深く考えさせられる。道徳教育や教育相談のあり方に対しても、非常に示唆的な事例といえるだろう。

おわりに

学校における道徳教育は、新設された道徳科のもとに、従来みられた「価値観の押し付け」を否定し、「考え、議論する道徳」へのシフトを明確にした。形骸化した道徳授業から脱却し、子どもたちにとって魅力的かつ効果的な道徳教育へと向かうことができるのであれば、歓迎すべき流れである。

道徳教育の転換によって、教育相談との懸隔が狭まり、両者が学校の教育活動としてより一体的に実践されるようになることも期待される。道徳教育が一面的な価値の押し付けを脱却し、より深く考えさせることを目的とした教育活動へと変わるだけでなく、教育相談もより良い解決を目指して子どもたちとともに考える活動へと変わることができれば、両者の本来あるべき整合された姿が見えてくるだろう。

(1) 道徳科の実施は、小学校で二〇一八年度、中学校で二〇一九年度からとなっており、それまでは従来の道徳の時間として継続されることになるが、本章では煩雑を避けるため道徳科として統一して呼称する。
(2)『生徒指導提要』文部科学省、二〇一〇年、九二頁。
(3) ここで取り上げた教材「手品師」に対する批判は、松下良平『道徳教育はホントに道徳的か 「生きづらさ」の背景を探る』日本図書センター、二〇一一年を参照。
(4) 中央教育審議会答申「道徳に係る教育課程の改善等について」二〇一四年一〇月二一日。
(5) 小学校学習指導要領、二〇一五年三月。

(6) 前掲、中央教育審議会答申。

(7) L・E・ラス、M・ハーミン、S・B・サイモン、遠藤昭彦監訳『道徳教育の革新 教師のための「価値明確化」の理論と実践』ぎょうせい、一九九一年。

(8) モラルジレンマの理論及びモラルディスカッションの授業実践については、荒木紀幸編著『道徳教育はこうすればおもしろい コールバーグ理論とその実践』北大路書房、一九八八年を参照。

(9) 林泰成編著『ケアする心を育む道徳教育 伝統的な倫理学を超えて』北大路書房、二〇〇〇年。

(10) L・E・ラス他、前掲書、一〇九~一一一頁。併せて、高橋陽一『新版 道徳教育講義』武蔵野美術大学出版局、二〇一二年も参照のこと。

第14章　多文化教育をめぐる教育相談

高橋陽一

はじめに

学校は本来、多様な文化をもつ教師や生徒がいる場であった。古代日本、最初の学校である大学寮は、学識頭《ふんやのつかさのかみ》つまり学長に、百済の亡命貴族である鬼室集斯《きしつしゅうし》が就任してスタートした。律令制度が固まってからも、東西史部《やまとかわちのふひとべ》つまり大陸からの渡来人の子孫は、上流の貴族たちと同じように大学寮に優先入学できたし、テキストは中国古代の儒教経典と注釈書という外国語文献ばかりであった。中世ヨーロッパの大学でも、ラテン語という国際語を使って、各国を遊学する学生や教師たちの姿が普通であった。

そして明治維新後の日本の学校教育は、西洋の近代学校システムを導入して、御雇外国人を招聘《しょうへい》して、西洋の翻訳教科書でスタートするのであるから、多様な文化に基づくグローバルな性格をもつものであった。しかし、欧米列強などの近代国家とともに大日本帝国は、国内で文化の多様性を軽視した国民統合を進めて、国外に植民地支配や戦争を進めて、二十世紀は戦争の世紀となった。国内外に展開した学校教育も、国内外の文化を統合するための政治的基盤として機能してしまった。こうした深い反省が第二次世界大戦後に国際的に行われ、日本国憲法と教育基本法はそうした反省の代表例である。

最初に微妙なニュアンスをもつ言葉の違いを述べておこう。世界各国の歴史や文化などの知識を深めて交流していく**国際理解教育**や、国に限らず国内外の自分自身と異なる文化の知識を深めて交流していく**異文化教育**または**異文化理解教育**は、長く学校現場で進められてきた。今日では、異なる文化に接するだけではなく、社会に多様な文化が同時に存在していることを意識して、**多文化教育**という表現が使われることが多くなり、その理念として**多文化共生**という言葉が用いられる。また第二次世界大戦後に開発途上国への教育支援などで使われてきた**開発教育**という用語も、持続可能な開発を目指す教育としての**ＥＳＤ**（Education for Sustainable Development）という用語へと変化しつつある[1]。

文部科学省が現職教員のための免許状更新講習で「選択必修」の一つとして二〇一六（平成二八）年度から新たに義務づけたのは、「国際理解及び異文化理解教育」であった。(2) 同じく文部科学省の初等教育局国際教育課が作成した外国人児童生徒の受入れの説明文書では、「国際理解教育」とともに「多文化共生」の言葉も用いられている。(3) つまり文部科学省のなかでも、様々な用語が併用されている。生活指導を扱う本書のシリーズのテキストでも、『生活指導論』で奈須恵子執筆「異文化教育と学校」と題した章を、『新しい生活指導と進路指導』では「多文化教育と学校」に改めた。(4)

また、民族、政治、宗教に関する集団のほか、**男女平等**に関する理解も大切な教育課題であり、生物学的な雌雄と区別して、歴史や文化によって形成された性差を**ジェンダー**と呼んで意識することも広がっている。様々な差異や格差が存在し、それを理解して問題を解決していく主体として児童生徒の成長を促すことが、学校教育で取り組まれるのである。

第一節　多文化教育の原則

多文化教育の立場からの教育相談も、一人ひとりの児童生徒や保護者の思いに寄り添うことが前提である。この相談に乗る教師は、子どもの心の悩みの分析者であるだけではなく、教室と社会の問題の分析者である。相談の結果は、教室と社会の問題として、教師自身が解決に努力する必要があることも多い。それでは、教師はどのような立場で臨むべきか。

まず、この国がどんな原則を掲げているか。**日本国憲法**の前文の第二段落を引用しよう。

日本国憲法（昭和二十一年十一月三日憲法）
〔前文第二段落〕
日本国民は、恒久の平和を念願し、人間相互の関係を支配する崇高な理想を深く自覚するのであつて、平和を愛する諸国民の公正と信義に信頼して、われらの安全と生存を保持しようと決意した。われらは、平和を維持し、専制と隷従、圧迫と偏狭を地上から永遠に除去しようと努めてゐる国際社会において、名誉ある地位を占めたいと思ふ。われらは、全世界の国民が、ひとしく恐怖と欠乏から免かれ、平和のうちに生存する権利を有することを確認する。

誰もが読んだはずのこの前文第二段落を読み返すと、本当に国際理解教育や平和教育の目的がはっきりと書かれていることが理解される。「恒久の平和」を念願するから、「人間相互の関係」に注目して、その「崇高な理想」を自覚しようとする。それは「平和を愛する諸国民の公正と信義」を信頼することから始まる。こうして「国際社会」の「全世界の国民」が平和のうちに暮らすことができるのである。この前文は気宇壮大に、グローバルにうたいあげられているが、それはまた教室にある多くの文化にも共通して、多文化教育へとつながっていく。

次に**教育基本法**をみると、(5) 日本国憲法の精神をうけて、第一条に教育の目的として「平和で民主的な国家及び社会の形成者」の育成を掲げる。さらに第二条は教育の目標として全五号にわたり列記するが、第三号に「男女の平等、自他の敬愛と協力を重んずる」ことを掲げて、第五号に「伝統と文化を尊重し、それらをはぐくんできた我が国と郷土を愛するとともに、他国を尊重し、国際社会の平和と発展に寄与する態度を養うこと。」を掲げる。自分の国や郷土への愛情だけではなく、他国を尊重して、国際社会の平和と発展に貢献していく態度も同時に必要なのである（第2章第一節参照）。さらに第四条をみてみよう。

教育基本法（平成十八年十二月二十二日法律第百二十号）
（教育の機会均等）
第四条　すべて国民は、ひとしく、その能力に応じた教育を受ける機会を与えられなければならず、人種、信条、性別、社会的身分、経済的地位又は門地によって、教育上差別されない。
2　国及び地方公共団体は、障害のある者が、その障害の状態に応じ、十分な教育を受けられるよう、教育上必要な支援を講じなければならない。
3　国及び地方公共団体は、能力があるにもかかわらず、経済的理由によって修学が困難な者に対して、奨学の措置を講じなければならない。

教育の機会均等を定めた条項であるが、その教育の機会均等は、**差別**の排除によって保障される。教育にあってはならない差別は、具体的に六つが列記される。人種は、日本人はモンゴロイドだといった人類学的な区分だけではなく、出身国籍や民族など広義にも理解できる。信条は、宗教や政治など様々な確信である。性別は生物学的な男女の平等とともに、文化的なジェンダーの視点も読み込んでよい。社会的身分は、世襲的な身分のほか権限等の伴う地位も含む。経済的地位は最もわかりやすい差別であるから、第三項は差別をなくすための「奨学」という方策を明示する。門地は、出身地を意味するが、日本国内では部落差別の問題がいまも存在する。第二項は障害者教育を定めているが、**障害**に関する差別もまたあってはならない。**障害者差別解消法**と略称される「障害を理由とする差別の解消の推進に関する法律」（平成二十五年六月二十六日法律第六十五号）が二〇一六（平成二八）年四月から施行され、国や地方自治体はもちろん学校や企業も障害者差別の解消のために具体的な対応を進めていくこととなった。こうした差別をなくすということが、多文化教育の課題に直結する。

日本国憲法や教育基本法が強調することは、そのまま多文化教育の課題となるが、これは日本だけの課題ではない。国際連合が制定した**子どもの権利条約**、日本国が批准した正式名称では「児童の権利に関する条約」という条約をみてみよう。

児童の権利に関する条約（平成六年五月十六日条約第二号）

第二条

1　締約国は、その管轄の下にある児童に対し、児童又はその父母若しくは法定保護者の人種、皮膚の色、性、言語、宗教、政治的意見その他の意見、国民的、種族的若しくは社会的出身、財産、心身障害、出生又は他の地位にかかわらず、いかなる差別もなしにこの条約に定める権利を尊重し、及び確保する。

2　締約国は、児童がその父母、法定保護者又は家族の構成員の地位、活動、表明した意見又は信念によるあらゆる形態の差別又は処罰から保護されることを確保するためのすべての適当な措置をとる。

子どもの権利条約第二条は、前記の教育基本法第四条第一項と同じ趣旨である。人種などによって差別されないことは、世界的なルール、つまり日本国憲法が述べた「平和を愛する諸国民の公正と信義」なのである。教育基本法第二条第五号では、自分の国や郷土への愛情だけではなく、他国を尊重して、国際社会の平和と発展に貢献していく態度も同時に求められることを述べた。子どもの権利条約も同様に第二十九条第一項に列記された各号に定めている。すなわち同条項の（c）号では、「児童の父母、児童の文化的同一性、言語及び価値観、児童の居住国及び出身国の国民的価値観並びに自己の文明と異なる文明に対する尊重を育成すること。」という。これは**民族教育**など自分が国籍のある国や所属する文化集団の文化・文明を尊重する教育である。次に（d）号では、「すべての人民の間の、種族的、国民的及び宗教的集団の間の並びに原住民である者の理解、平和、寛容、両性の平等及び友好の精神に従い、自由な社会における責任ある生活のために児童に準備させること。」を定める。これは自己の国や文化集団と異なる人びとへの理解であり、異文化理解教育や違いを認めてともに暮らしていくための**寛容**の教育である。

子どもたちの国籍を有する国や所属する文化集団といっても、その国で人数の少ないグループは弱い立場に置かれる。これが民族や文化における**マイノリティー**についての課題である。種族や宗教や言語などの視点から見た**少数民族**や、その地に昔から住んでいた原住民（今日では一般に**先住民**という用語が使用される）についての、民族教育の権利も、子どもの権利条約第三十条に明示されている。

> 第三十条
> 種族的、宗教的若しくは言語的少数民族又は原住民である者が存在する国において、当該少数民族に属し又は原住民である児童は、その集団の他の構成員とともに自己の文化を享有し、自己の宗教を信仰しかつ実践し又は自己の言語を使用する権利を否定されない。

このようにみてくると、法律や条約に明記された国際社会のルールが、多文化教育の原則になることが分かる。現実の世界は、戦争と差別と抑圧に満ちた世界であり、誰もが毎日のニュースを悲しみながら見ている。それだから、教師は、目の前に相談にきた子ども、学級担任や教科担任をしている子どもたち、そして日本から世界の子どもたちへと多文化教育の輪を広げながら教育本来の目的をめざして努力するわけである。

第二節　多文化教育をめぐる相談例

多文化教育をめぐる教育相談は、学校教育における配慮の要望として行われることが多い。教師は、カウンセリングマインドをもって悩んでいる子どもたちや保護者に寄り添って相談に乗り、「できること」を明らかにして解決を促進していく。その一方で、「できないこと」も存在する。差別の助長になったり学校教育の目的を損ねたりすることはできないし、配慮したいことでも施設設備の制限や教師の負担などから、「できないこと」も発生する。こうした判断は困難であるから、教師一人で結論を出すのではなく、校長や多様な専門性を持つ教師やスクールカウンセラーなどの専門家を含めた大きなチームとしての学校、現在の教育政策のキーワードで言えば**チーム学校**として対応を考えることになる。これからよくある相談を想定事例として三つ示しておこう。

Q1　（外国人保護者から）新学期からお世話になりますが、私たちの宗教では食べてはならない食品が定められています。給食があると聞いていますが、どのような配慮をしてもらえますか。

A1　受け入れにあたって、そのことを考えたいと思っていました。給食センターでは管理栄養士が毎月の食材を事前に点検して、一覧表をお知らせすることができます。可能な限り他の食材に代えることを考えるので、他のクラスメイトと異なる食事になります。しかし、家庭からのお弁当で対応していただく場合も考えられます。以前も同じように宗教についての対応をしたことがありますが、国や宗派によって違いがあると聞いていますので、問題となる食材を具体的にお伝えいただけますでしょうか。

食べ盛りの子どもにとって、昼食は大切である。学校全体が弁当持参の場合には問題が表面化しにくいが、給食や食堂の場合は宗教による食事のルールが問題として浮上する。現在では、食品アレルギーの対応が進んでいるが、慣れていない学校では給食をめぐる対応は課題となりやすい。給食室や給食センターで対応可能なのか、無理であれば保護者に弁当等の持参を求めるのかなど、学校内の各部門でも相談して保護者と十分に相談をして進めたい。イスラム教の豚肉やヒンドゥー教の牛肉などの禁忌となる食材は有名だが、宗派などで異なるルールもあるので、具体的に聞く必要がある。

こうした対応は学級でも目立つことになるので、食事についての科学的知識と文化を培う食育の立場とともに、多文化共生の課題として位置づけて、他の子どもにも理解が培われるように配慮することが大切である。

Q2 （生徒から）先生にお話しするのは初めてですが、僕は男であることに違和感を持っています。いろいろ悩んでいますが、男子トイレは入りたくないので我慢しています。女子トイレを使っても良いですか。

A2 よく勇気を持ってお話ししてくれたね。まず、職員室前の来客用トイレは男女兼用だからそちらを使っていいことにしましょう。それと、ご両親とはどんなお話をしているのかな。もし相談する人がいないならば、専門の先生を紹介することができるよ。

二〇〇三（平成一五）年に「性同一性障害者の性別の取扱いの特例に関する法律」（平成十五年七月十六日法律第百十一号）が定められて、二十歳以上の性同一性障害者について性別の変更を家庭裁判所が審判できることになったが、**性同一性障害**について悩む子どもたちの相談は学校現場の課題になる。文部科学省は二〇一五（平成二七）年には、こうした課題を医師などの専門家や学校全体で対応して細やかな対応をするように教育委員会に通知し、男女の制服、髪型、更衣室、トイレなどの配慮、授業や氏名呼称の変更などの実際に学校で行った事例を提示して参考にすることを呼びかけた。[6] たとえばトイレは、学校内に障害者・男女兼用の多目的トイレが整備されていれば対応しやすいが、男女別しかない場合は職員用トイレで対応するなど配慮が必要である。また、相談を受けた教師が一人だけで考え込むのではなく、教員、校医、スクールカウンセラーなどのチーム学校として対応を協議し、専門のカウンセラーとも連携していくことが大切である。

Q３　（保護者から）先週の道徳の授業で先生が使った人権教育についての教材ですが、私の考えとは大きく異なります。このことについて、お話ししたいのですが。

A３　わかりました。学校としては特定の運動や主張を押しつける立場ではなく、公平に扱って人権教育を進めたいと考えております。しかし、至らない点もあるかと思いますので、私自身の勉強のためにも、じっくりとお話を伺いたいと思います。

総合学習や道徳教育では、学校教育本来の目的や目標を明確にしつつも、現実に存在する異なる立場や見解を尊重しながら子どもたちに討論や対話を促進していく。現実の政治問題や社会問題を取り扱う場合は、教師は提示する教材や子どもたちのディスカッションのための調査資料などに、その地域や学校として配慮するべき多様な見解が網羅できるように準備する必要がある。しかし、関心のある保護者や地域住民、場合によっては地域の議員や運動団体などから、質問や苦情が寄せられることは決して珍しくない。こうした場合は、本人から主張をよく聴き取り、教材や授業の進め方などに配慮に欠ける点があったのかどうかを十分に考える必要がある。

人権を尊重し差別をなくしていく**人権教育**は、大切な課題である。「人権教育及び人権啓発の推進に関する法律」（平成十二年十二月六日法律第百四十七号）の第三条では、「国民の自主性の尊重及び実施機関の中立性の確保」を強調している。人権教育という主張の違いが明確になる課題では、主義主張の押し付けにならないためにも、学校の**中立性**という観点を明確にする必要がある。また、校長など管理職にも事情を報告して、チーム学校として対応していく必要もでてくる。

おわりに

相談を受ける教師は、決して何でも知っている人ではない。文化の背景にある宗教や政治、さらに一人ひとりの感情というものは、それぞれ深遠なものである。だから、多文化共生のための対応は、まず相談に訪れた子どもや保護者の考えを理解していく姿勢が大切である。そして「できること」や「できないこと」を考えて、解決のための配慮を進めていく。そのプロセスでは、教師が一人で抱え込むのではなく、チーム学校としての組織的な対応や、外部の専門家などとの連携を進めていきたい。多文化教育の課題は、教室の小さな配慮であっても、この国や世界をよくしていく一歩であるという気概も大切にしたいと思う。

（1）多文化共生キーワード事典編集委員会『改訂版　多文化共生キーワード事典』明石書店、二〇〇四年（改訂版二〇一〇年）。五島敦子・関口知子編著『未来をつくる教育ＥＳＤ　持続可能な多文化社会をめざして』明石書店、二〇一〇年。日本国際理解教育学会編著『国際理解教育ハンドブック　グローバル・シティズンシップを育む』明石書店、二〇一五年。

（2）文部科学省初等中等教育局教職員課長「免許状更新講習における選択必修領域の導入について（通知）」（二六初教職第十五号）、二〇一四年一〇月二日。

（3）文部科学省初等中等教育局国際教育課『外国人児童生徒受入れの手引き』文部科学省、二〇〇一年（ウェブページ配布パンフレット）。

（4）高橋陽一・伊東毅編『新しい生活指導と進路指導』武蔵野美術大学出版局、二〇一三年。

（5）現在の教育基本法全体の説明は、高橋陽一『教育通義』武蔵野美術大学出版局、二〇一三年の第17章から第20章を参照、また戦後教育改革による旧法は第15章を参照。

（6）文部科学省初等中等教育局児童生徒課長「性同一性障害に係る児童生徒に対するきめ細かな対応の実施等について」（二七文科初児生第三号）、二〇一五年四月三〇日。

第15章　宗教をめぐる教育相談

高橋陽一

はじめに

学校における宗教の扱いに悩む教員は多い。宗教については、理解に苦しむことや分からないことがたくさんある。私自身、何十年も様々な宗教と宗教教育を研究してきたが、その考え方の多様さと奥深さにはいつも感嘆する。教員にとっては、宗教について知識を広げるとともに、「思い込み」や「知ったかぶり」ではなく、真摯に子どもの声を聞き取る姿勢が教育相談の前提になる。

第一節　学校における宗教と教育の原則

教育相談は、一人ひとりの児童生徒や保護者の思いに寄り添うことが大切であるが、学校教育において「できること」と「できないこと」という原則の確認も、重要な前提である。学校現場の宗教についての相談は、学校の対応に関する個別の要望として寄せられることが多いので、学校と宗教はどのような関係になっているかを、原則として確認したうえで相談に乗ることになる。まずは**日本国憲法**の原則を確認しておきたい。

日本国憲法（昭和二十一年十一月三日憲法）

第二十条　信教の自由は、何人に対してもこれを保障する。いかなる宗教団体も、国から特権を受け、又は政治上の権力を行使してはならない。

2　何人も、宗教上の行為、祝典、儀式又は行事に参加することを強制されない。

3　国及びその機関は、宗教教育その他いかなる宗教的活動もしてはならない。

信教の自由とは、どんな宗教を信じるのも自由であるということである。さらに、信じることも信じないことも個人の自由であり、さらにその自由の表現として、それぞれの立場で宗教の儀式を行ったり布教をしたり、受容したり拒否したり批判したりすることも、自由であるということである。心のなかの内面の自由であるが、同時に儀式や布教として身体や言語で表現される外面の自由でもある。その自由が本当の自由であるために、どんな宗教団体も国から特権を受けたり、政治上の権力を行使してはならないと第一項の後段に記している。さらに第二項で、宗教上の行為、祝典、儀式、行事に誰も参加を強制されないと規定する。さらに第三項で、国やその機関、もちろん地方公共団体も含めて、宗教教育や宗教的活動をしてはならないと記している。このことを**政教分離**という。大日本帝国憲法も信教の自由を規定していたが、国家が宗教でないとして特別に位置付けた神道が優遇されて、それ以外の宗教が不利益を被った。正確に言えば、神道も国家の統制に合うものだけが優遇されて、各地で伝統を持っていた多様な神道の信仰も抑圧されていた。こうした反省から、日本国憲法は政教分離を強調している。これが学校における宗教と教育の関係の前提となる原則である。

次に、教育の原則を定めた**教育基本法**をみてみよう(1)。

教育基本法(平成十八年十二月二十二日法律第百二十号)

(宗教教育)

第十五条　宗教に関する寛容の態度、宗教に関する一般的な教養及び宗教の社会生活における地位は、教育上尊重されなければならない。

2　国及び地方公共団体が設置する学校は、特定の宗教のための宗教教育その他宗教的活動をしてはならない。

教育基本法第十五条は政教分離の原則から、第二項に規定する通り国立学校と公立学校は特定の宗教のための宗教教育など宗教的活動をしてはならないとして、「できないこと」を定めている。国公立の学校で「できること」は、第一項にある三つである。第一に、信教の自由に基づいて児童生徒が相互に理解し合えるよう、**宗教に関する寛容の態度**を養うことである。**寛容**の態度は、宗教を信じている人も信じていない人も、誰にでも必要な態度である。第二に、社会科でも美術科でも宗教についての歴史や文化などを取り上げて理解できるように、**宗教に関する一般的な教養**を高めることである。第三に、学校教育の場で信教の自由が実質的に守られるように、**宗教の社会生活における地位**を尊重することである。たとえば、宗教の戒律などによって学校教育を受けることに支障がないように配慮して、学校教育が誰にでも開かれたものにすることが求められる。

私立学校は教育基本法第十五条第二項が適用されない。宗教に関する私立学校は、学校教育法第一条に定める小中学校や高等学校などであっても、自由に宗教教育を行うことができる。公立小中学校では必ず行う「道徳」や新しく導入される「**特別の教科である道徳**」を行わず、「**宗教**」の授業を行うこともできる。憲法の規定した信教の自由から、当然の帰結である。

なお、「特定の宗教のための宗教教育」ではないものとして国公立の学校で実施できるのは、すでに述べた第一項の三つ、宗教に関する寛容の態度、宗教に関する一般的な教養、宗教の社会生活における地位についての教育である。かつて国公立の学校で、教師が「宗教的情操」と称して「すべての宗教に共通する情操」を教えると主張するものがあった。実際には教師が「すべての宗教に共通する情操」だと思い込んだ自己の思想を教え込む教育であったり、特定宗教をこっそり教えたりするものであった。これは原則の逸脱であり、「できないこと」である。(2)

国家や学校の視点から論じたが、子どもの視点から考えるため、**子どもの権利条約**、正式名称「児童の権利に関する条約」をみてみよう。

児童の権利に関する条約（平成六年五月十六日条約第二号）

第十四条

1　締約国は、思想、良心及び宗教の自由についての児童の権利を尊重する。

2　締約国は、児童が1の権利を行使するに当たり、父母及び場合により法定保護者が児童に対しその発達しつつある能力に適合する方法で指示を与える権利及び義務を尊重する。

3　宗教又は信念を表明する自由については、法律で定める制限であって公共の安全、公の秩序、公衆の健康若しくは道徳又は他の者の基本的な権利及び自由を保護するために必要なもののみを課することができる。

「宗教の自由」は日本国憲法の「信教の自由」と同義とみてよい。その権利の主体は個人であるから、子どもの権利条約第十四条第一項では、子どもも宗教の自由の権利の主体である。もちろん幼い子どもは自らその主張がしにくいから、父母などの保護者が家庭などでの宗教教育を行うのである。子どもは成長に従って、宗教を深く信じたり、反発したり、時には親と異なる宗教を求めたりする。同第二項に「発達しつつある能力に適合する方法で」とあるのは、子どもの成長に従って保護者の子どもへの宗教上の指示は変化するという意味であり、成人になれば単独で信教の自由を行使するのである。

先ほど、私立学校での宗教教育は全く自由であると法律上の説明をしたが、実際の宗教系私学の宗教担当教諭にとっては、そんな簡単な現場ではない。その学校が掲げる宗教と異なる宗教の信者や宗教を信じていない保護者と児童生徒が、多数を占めることもよくある。このため、信教の自由について保護者と児童生徒の立場に配慮をしながら、学校独自の宗教教育や儀式を行っていくことになる。

第二節　宗教をめぐる相談例

公立学校における信教の自由、「できること」と「できないこと」に留意して、子どもたちや保護者から持ちかけられる宗教をめぐる相談の実例を考えてみよう。

Q１（児童から）一階女子トイレの奥から二つめは、「出る」って本当ですか。

Ａ１　どんな話を聞いたのか先生に話してみて。どの学校にでもある怪談かも知れないね。でも本当に気になるならば、二階のトイレを使っていいのよ。

笑ってはいけない。おそれを知ることは知恵のはじめであり、「おばけ」の話題も信仰の一つの表現である。しかし学校の怪談は時にはクラスがパニック状態になるほどの影響力があり、真剣に悩む子どもが出ることもある。真剣に相談に来た子どもには、その悩みに寄り添って相談に応じるべきである。こうした現象を「迷信」と切って捨てることは今日の宗教学者や民俗学者は行わないが、物知り顔で「信じることは自由である」とだけ言われても、子どもの悩みは深くなる。

児童生徒の話を聞いて、「先生は夜までいるけど見たことはないよ」「夏にやっていたアニメや怪奇映画を思い出したんじゃないの」「じゃあ女性の○○先生といっしょにトイレを見に行ってごらん」ぐらいの、安心のための言葉がけはするべきである。また学校施設の状況に応じて照明の暗さや不潔さが原因であれば、修繕を考えたり、別のトイレの使用を勧めたりしてもよいだろう。

Q２　（生徒から）学校に、お守りを持ってきても良いですか。
A２　どんなお守りなの。学校は勉強する場所だからルールは必要だけど、あなたにどうしても必要ならば鞄《かばん》に入れていていいよ。

登校時の服装や持参物のルールは学校が独自に定めるものであるが、宗教関係の祭具について定めるケースはあまりみない。イスラム教のベールの着用禁止を学校における政教分離の立場で徹底しようとしたフランスの動きは、行き過ぎた事例と受け止められることが多いだろう。学校の持参物を制限するなかで一人だけにルールを緩和することは、他の子どもには不平等に見えるかも知れないが、その子どもにとって必要なものであれば信教の自由、とりわけ身につける祭具に関する、宗教の社会生活における地位の尊重として許可するべきである。もちろん、他の子どもへの影響などは十分に確認して、配慮しておく必要がある。

Q３　（保護者から）総合学習で行う◯◯神社のお囃子《はやし》の体験学習には参加させたくない。
A３　この「総合的な学習の時間」は、地域の伝統文化を実体験して学ぶという趣旨で、決して特定の宗教を勧めるということではありません。しかし、体験学習が保護者の考え方に合致しないならば、◯◯君については別の課題を考えてみます。そのために、ご家庭でどんなお話をしているか、クラスでは事情をどのように説明するべきかなど、お話しを伺っておきたいと思います。

総合学習では地域文化や伝統文化を体験学習として取り組むために、地域の伝統芸能をテーマにすることも多い。こうした文化は神道や仏教の祭礼として保持されていることがあるので、日本国憲法で禁止された儀式や行事の強制参加にならないように注意する必要がある。たとえば、お囃子などの楽曲や舞踊の練習と、儀式そのものの参加とは、国公立学校では明確に区別して扱うことになる。また、修学旅行や社会見学で、神社仏閣に行って建築や仏像などの見学をすることも珍しくない。こうした場合は、見学先の神職僧侶や信者に失礼がないように行動することを指導するとともに、見学の目的が伝統文化の鑑賞などであるという趣旨を児童生徒に説明することが必要である。

児童生徒や保護者に趣旨を説明した場合でも、その楽曲や舞踊を練習すること自体や、境内地や宗教建築に入ることを拒否されることもある。許容範囲とみるか、耐えがたい行為とみるかはそれぞれの宗教上の考え方によって違うものである。拒否することもまた信教の自由として尊重する必要がある。児童生徒や保護者の申し出の内容を聴き取り、それに代わる方法を模索して、不利益がないように教育の機会を守る必要がある。こうした代替課題の設定や別行動がクラスの不和やいじめの原因とならないように、保護者や児童生徒から丁寧な聴き取りを行い、生徒全体が寛容の精神で相互理解ができる対応が必要である。

Q４　（生徒から）学級会でみんなで話し合ったのですが、クリスマス会をしてもよいですか。

A４　みんなが話し合ったことは先生としても尊重したいね。でもクリスマスというのは、本来はキリスト教のお祭りだということは知っているね。公立学校は宗教の行事をしてはならないから、「十二月のお楽しみ会」ではダメかな。

信教の自由や国公立学校の「できること」と「できないこと」の区別は、教師のみが抱えて処理する事柄ではなく、保護者にも説明し、児童生徒にも発達段階に応じて理解を培うことが必要である。現在の日本でクリスマスはキリスト教への信仰と関係なく楽しまれており、宗教の儀式としての結婚式や葬儀などに他の宗教の信者が列席することは珍しくない。しかし、宗教の儀式である以上は日本国憲法や教育基本法から信教の自由に基づく対応が必要であり、儀式とは感じにくいクリスマスも、本来はキリスト教の儀礼が起源であることも周知の通りである。キリスト教徒が多数を占める英語圏でも、キリスト教徒以外にメリークリスマスと挨拶するのはふさわしくないという配慮から、ハッピーホリディズHappy Holidaysという言葉が広がっていることも知っておきたい。仮にクラスの生徒全員が信仰の有無にかかわらずクリスマス会を学校で行いたいのだとしても、宗教に関する寛容の態度、宗教に関する一般的な教養を培う観点から生徒に話をすることになる。クリスマスの時期にお楽しみ会として行うなどの配慮をしつつ、信教の自由に関する感覚を実体験する意味でも「できないこと」を分かりやすく説明する必要がある。

おわりに

宗教に関する寛容の態度については、一般的な日本人の宗教理解では、神道と仏教の両方の儀礼に参加して、キリスト教にも理解を持つことが常識として理解されることが多い。しかし、これからの子どもたちは、グローバル化が進んで、様々な宗教についての考え方や行動に接することになる。各教科をはじめ、学校教育全体を通じて、宗教に関する一般的な教養を深め、互いを理解する寛容の精神を育てることが必要である。教師の側も、宗教について教養を深めながら、保護者や児童生徒の宗教に関する感情や行動に留意して、「できること」と「できないこと」を明確にして対応することが求められる。改めて強調しておきたいことは、信教の自由の主体は個人であるということである。教師の側が知っているつもりで、何々教だとこれは不可だがこれは大丈夫と勝手に判断しても、逆にトラブルになることもある。あくまでも個人の信条の課題であり、一人ひとりの考えに耳を傾けて、解決していく必要がある。教育相談における宗教の対応は、これからも大きな比重を持つことになるだろう。

（1）　現在の教育基本法の説明は、高橋陽一『教育通義』武蔵野美術大学出版局、二〇一三年の第17章から第20章を参照、また戦後教育改革による旧法は第15章を参照。子どもの権利条約については第6章を参照。

（2） 高橋陽一「宗教的情操の涵養に関する文部次官通牒をめぐって 吉田熊次の批判と関与を軸として」『武蔵野美術大学研究紀要』第二九号、一九九八年。

あとがき

学校は随分と、子どもに優しくなったのかも知れない。この『新しい教育相談論』を編みながら、この数十年に及ぶ学校の変化をあらためて感じている。

いじめ、不登校、非行などが子どもの問題行動として、子ども自身の至らなさを指摘することで解決しようとする時代から、社会や学校全体の問題として把握して子どもの心の悩みに寄り添って解決するシステムの確立をめざす時代へと変化してきた。もちろん、昔から子どもに寄り添って相談に乗った教師はいたし、明治時代に流行したヘルバルト教育学でも教師は心理学を必須の前提としてきた。しかし、一九九八（平成一〇）年の教育職員免許法の改正により、二〇〇〇（平成一二）年入学者から教育心理学に加えて「教育相談」の単位修得が教職課程で必須になって、教育相談の能力が教師の基本となった。二〇一六（平成二八）年度からは現職教員の免許状更新講習でも「教育相談（いじめ・不登校への対応を含む。）」が選択必修領域の一つとして加えられるなど、実践課題を意識したカウンセリングマインドをもった教師の養成がシステムとして進められている。

徐々にスクールカウンセラーの配置が進められ、校長や教諭・講師だけでなく、学校医やスクールカウンセラーも含めたチーム学校というキーワードも登場した。教師は、子どもに信頼される存在であるべきだが、どんなアドバイスでも与えることのできるオールマイティーの解決人ではない。子どもたちの相談の内容を考えて、必要なアドバイスを与えることのできる別の専門家を紹介したり、教師集団として解決をはかる課題を提起したりする、チーム学校の一員である。子どもの深刻な相談と保護者からの深刻な要求を一人で抱えこんで、自分自身が悩みへと落ち込んでいくことは、絶対に避けなければいけない。

子どもの視点から、本当に学校が優しくなったかどうかは、分からない。関心と意欲と態度を前提に含みこむ学力観が定着して久しいが、自由に見える討議を推奨するアクティブ・ラーニングの試みさえも、心の動きまで教師に見透かされる息苦しさを感じる子どももいるだろう。教室のどこかに居場所を見つけて、ほっと息をつける学校づくりも考えられるべきだ。そんな子どもを見守りながら、何か話したくなったときに受けとめてくれる教師こそが、この教育相談を学んだ人たちに期待される姿である。

本書は、武蔵野美術大学の通信教育課程で教育相談論を担当する伊東毅と、前著『教育相談論』を故小久保明浩氏と共編した高橋陽一が、教育相談の最近のめざましい変化に対応した新テキストとして構想した。そして通学課程の教育相談論担当者の桂瑠以と、通信教育課程で道徳教育論を担当する大間敏行とともに検討を重ねた。四名の共著であり、各章はそれぞれの専門から責任を持って記したが、全15章全体の責任は伊東と高橋が負っている。本書の刊行にあたっては、編集を担当された遠藤卓哉氏の辛抱強い努力と、最終校正に尽力した教職課程資料閲覧室の赤羽麻希氏と髙田正美氏に感謝したい。

二〇一六年一月三一日

高橋陽一

重要語句索引

本文に太字で示した重要語句の掲載頁を記した。

【A-Z】
ADHD　87
CAI　50
ESD　192
LD　86
Social Skills Training　79
SST　79, 92, 117
Team Teaching　47
TT　47, 91

【あ行】
アートセラピー　118
アイデンティティ　65
アクティブ・ラーニング　37
アスペルガー症候群　88
遊び　70
温かさ　98
安定性　44
いじめ　15, 122, 158
いじめ防止対策推進法　34, 128
一次的ことば　60
異文化教育　192
異文化理解教育　192
ヴィゴツキー, L. S.　41, 61
ウェクスラー式知能検査　63
エス　112
エリクソン, E. H.　65
エンカウンター・グループ　117
オースベル, D. P.　49
親の会　142
音楽療法　118

【か行】
絵画療法　118
外言　61
ガイダンス　14, 29, 32
開発教育　192
外発的動機づけ　42
開発的・予防的教育相談　186
カウンセラー　97
カウンセリング　91, 96, 130
カウンセリングマインド　15, 169, 187
学業相談　17
拡散的思考　62
学習　54
学習指導要領　12, 28
学習障害　86
学習性無力感　45
学習説　41
学習能力　62
家族療法　115
課題選択学習　46
価値相対主義　186
価値の明確化　186
学校カウンセリング　169
学校教育相談　13, 29, 178
学校教育法　28
学校心理士　34
家庭裁判所　151
河合隼雄　117
感覚運動的行為　55
寛容　197, 206
逆送　152
ギャングエイジ　73
教育基本法　26, 194, 205
教育再生実行会議　182
教育支援センター　138
教育職員免許法　31
教育心理学　32, 40
教育政策　26
教育相談　12, 29
教育の機会均等　195
共感的理解　98
虞犯少年　150
クライエント　96
繰り返し　104

グループエンカウンター　130
クロンバック, L. J.　47
ケアリング　186
芸術療法　118
傾聴　104
ゲゼル, A.　41
原因帰属　43
健康相談　17
言語的攻撃　159
高機能自閉症　88
向社会性　77
構成的グループエンカウンター　186
構内暴力　15
広汎性発達障害　88
コールバーグ, L.　75, 186
国際理解教育　192
心の理論　64
子どもの権利条約　196, 206
個別指導　28, 32

【さ行】

サイコドラマ　117
差別　195
シェマ　55
ジェンダー　193
自我　112
自我同一性　65
自我に関する発達　54
ジグソー学習　48
自己一致　99, 102
思考能力　62
自己効力感　46
自己中心性　57
自己中心的言語　61
自殺　166
児童自立支援施設　151
児童相談所　33, 142, 151
自閉症　88
社会性　75
社会的攻撃　159
社会的スキル　79, 92
社会的発達　54
社会との関わり　65
宗教　206
宗教に関する一般的な教養　206
宗教に関する寛容の態度　206
宗教の社会生活おける地位　206
収束的思考　62
集団指導　28, 32
集団反応　116
集団療法　116
守秘義務　18
受容　98
純粋さ　99
障害　195
障害者差別解消法　195
小集団学習　48
少数民族　197
少人数指導　91
少年院　151
少年鑑別所　151
少年法　150
職業指導　14
触法少年　150
初語　60
信教の自由　205
人権教育　200
身体的攻撃　159
心理的・社会的発達　65
進路相談　17, 29
スキナー, B. F.　49
スクールカウンセラー　13, 34, 126, 139, 169
スクールソーシャルワーカー　18, 36, 129, 139
スノー, R. E.　47
政教分離　205
成熟　54
成熟説　41
精神分析的アプローチ　111
精神分析的心理療法　114
性同一性障害　199
生徒指導　14, 28, 147
『生徒指導提要』　36

セリグマン, M. E. P.　45
先行オーガナイザー　49
先住民　197
相談室　32
ソーシャルスキルトレーニング　79, 92, 117

【た行】

第一義的責任　30
脱中心化　57
多文化教育　192
多文化共生　192
男女平等　193
チーム学校　37, 198
チーム・ティーチング　47, 91
知的発達　54
知能構造モデル　62
中央教育審議会　34, 182
超自我　112
抵抗　113
適応指導教室　33, 137
適応相談　17
適応能力　62
適正形成的視点　48
適正処遇交互作用　47
デシ, E. L.　43
転移　113
動機づけ　42
洞察　113
統制可能性　44
統制の位置　43
道徳科　36, 178
道徳教育　77
道徳性　75
道徳の時間　181
特別活動　28
特別支援学校　36
特別支援教育　82
特別支援教育コーディネーター　89
特別の教科　道徳　36, 178
特別の教科である道徳　36, 206
閉じられた質問　104

【な行】

内言　61
内発的動機づけ　42
仲間関係　73
二次的ことば　60
日本国憲法　193, 204
認知　61
認知行動的アプローチ　111
認知行動療法　114

【は行】

ハインツのジレンマ　75, 186
箱庭療法　117
バズ学習　48
発見学習　49
発達　41, 54
発達段階説　65
発達の最近接領域説　41
犯罪少年　150
バンデューラ, A.　46
ピアジェ, J.　55
ピグマリオン効果　172
非言語コミュニケーション　106
非行　162
非行少年　150
非指示的カウンセリング　102
ビネー, A. F.　63
ビネー式知能検査　63
ヒューマニスティックアプローチ　111
開かれた質問　104
風景構成法　118
不登校　15, 134, 164
不登校対応担当　140
フリースクール　139
ブルーナー, J. S.　49
フロイト, S.　111
プログラム学習　49
ベック, A. T.　114
防衛機制　112
ボキャブラリー・スパート期　60
保護者　30
保存課題　57

【ま行】

マイノリティー　197
マイヤー, S. F.　45
民族教育　196
無意識　111
無条件の尊重　98
メタ認知　61
メタ認知的技能　61
メタ認知的知識　61
モラルジレンマ　186
モラルディスカッション　186

【や行】

有意味受容学習　49
遊戯療法　117
要約　104

【ら行】

来談者中心療法　102
ラベリング　172
ラポール　99
臨床心理士　34
レディネス　41
ロールプレイ　117
ロールプレイング　130, 186
ロジャーズ, C.　97
ワークショップ　130

【わ行】

ワイナー, B.　43
ワトソン, J. B.　41

執筆者紹介

高橋陽一（たかはし・よういち）

一九六三年生まれ。東京大学大学院教育学研究科博士課程満期退学。武蔵野美術大学造形学部教授。日本教育史（国学・宗教教育）を専攻。著書に『教育通義』『美術と福祉とワークショップ』『造形ワークショップを支えるファシリテータのちから』『新版 道徳教育講義』、監修に『ワークショップ実践研究』、共編著に『造形ワークショップ入門』『新しい生活指導と進路指導』『造形ワークショップの広がり』『新しい教師論』『教育相談論』（いずれも武蔵野美術大学出版局）、共著に寺﨑昌男／編集委員会編『近代日本における知の配分と国民統合』（第一法規出版、一九九三年）、東京大学史史料室編『東京大学の学徒動員・学徒出陣』（東京大学出版会、一九九八年）、駒込武／奈須恵子／川村肇編『戦時下学問の統制と動員　日本諸学振興委員会の研究』（東京大学出版会、二〇一一年）ほか。

伊東 毅（いとう・たけし）

一九六二年生まれ。東京大学大学院教育学研究科博士課程満期退学。武蔵野美術大学造形学部教授。教育哲学を専攻。著書に『未来の教師におくる特別活動論』（武蔵野美術大学出版局、二〇一一年）、共編著に『よくわかる教育原理』（ミネルヴァ書房、二〇一一年）、『新しい生活指導と進路指導』（武蔵野美術大学出版局、二〇一三年）、共著に教育科学研究会編『なくならない「いじめ」を考える』（国土社、二〇〇八年）ほか、論文に「現代日本におけるいじめの特質　教育システムといじめとの関係の考察を中心に」（社会文化学会編『社会文化研究』第四号、晃洋書房、二〇〇一年）ほか。

桂　瑠以（かつら・るい）
一九七九年生まれ。二〇〇九年お茶の水女子大学大学院博士後期課程修了。博士（人文科学）。川村学園女子大学文学部心理学科講師。共著に『子どもの暮らしの安全・安心　命の教育へ2』（金子書房、二〇一〇年）、『メディアとパーソナリティ』（ナカニシヤ出版、二〇一一年）、『考えるための心理学』（武蔵野美術大学出版局、二〇一二年）。

大間敏行（だいま・としゆき）
一九七七年生まれ。筑波大学大学院博士課程人間総合科学研究科教育学専攻単位取得満期退学。武蔵野美術大学非常勤講師。日本教育史を専攻。共著に『教育史からみる学校・教師・人間像』（梓出版社、二〇〇五年）、『教育の歴史と思想』（ミネルヴァ書房、二〇一三年）、『生徒指導の教科書』（文化書房博文社、二〇一四年）、『明治前期中学校形成史　府県別編Ⅲ東日本』（梓出版社、二〇一四年）ほか。

新しい教育相談論

二〇一六年四月一日　初版第一刷発行

編者　高橋陽一　伊東毅
著者　高橋陽一　伊東毅　桂瑠以　大間敏行

発行者　小石新八
発行所　株式会社武蔵野美術大学出版局
〒一八〇—八五六六
東京都武蔵野市吉祥寺東町三—三—七
電話　〇四二二—二三—〇八一〇（営業）
〇四二二—二二—八五八〇（編集）

印刷・製本　株式会社精興社

定価は表紙に表記してあります
乱丁・落丁本はお取り替えいたします

ISBN978-4-86463-047-4 C3037　Printed in Japan